教书琐记

上一节有情有趣有料的语文课

著

——

朱林鹏

人民邮电出版社

北京

图书在版编目（CIP）数据

教书琐记：上一节有情有趣有料的语文课 / 朱林鹏著. -- 北京：人民邮电出版社，2025. -- ISBN 978-7-115-67428-9

Ⅰ．G633.302

中国国家版本馆 CIP 数据核字第 20257M48G2 号

内 容 提 要

本书是高中语文老师朱林鹏的课堂片段实录。朱老师主张"细读文本、关联生活"，将经典语文教材与学生的生活体验紧密联系起来，他的课堂生动有趣，富含情感和知识，深受广大学生的喜爱。

本书收录了朱老师 34 个具有代表性的课堂片段，并按照"进退之道""生死之间""爱与被爱""内外所求"和"细节之力"五个核心主题进行编排，旨在为读者提供一种全新的视角来解读经典文学作品，并从中汲取人生智慧。

第一章"进退之道"收录了朱老师讲解《登泰山记》《项脊轩志》等课文时的课堂实录，引导读者思考人生道路上的选择与权衡。第二章"生死之间"精选了《与妻书》《兰亭集序》等经典篇目的课堂片段，带领读者探讨生命的意义与价值。第三章"爱与被爱"聚焦于人世间丰富的情感体验，收录了对《诗经·氓》《夜雨寄北》等诗词的讲解，以及学生采访家长的实录。第四章"内外所求"探讨了人们在内心世界和外部世界中的追求与探索，包含了对《荷塘月色》《庖丁解牛》等篇目的课堂实录。第五章"细节之力"强调了细致观察和深入体悟的重要性，带领读者挖掘《烛之武退秦师》《鸿门宴》等课文中被忽略的细节。

本书中的每篇课堂片段均由三部分组成："教学设想"部分主要分享朱老师备课时的思考，着重阐述其"细读文本，关联生活"的备课方法；"课堂实录"部分是课堂视频转化而成的文字，记录了真实的课堂互动；"听众妙评"部分则精选了网络平台的网友对该节课的评论，展现了不同视角的理解与感悟。

本书适合高中生以及对语文教育和人文思考感兴趣的读者阅读，也可以作为语文教师的教学参考资料。

- ◆ 著　　　　朱林鹏
  责任编辑　杜梦萦
  责任印制　马振武

- ◆ 人民邮电出版社出版发行　　北京市丰台区成寿寺路 11 号
  邮编　100164　电子邮件　315@ptpress.com.cn
  网址　https://www.ptpress.com.cn
  涿州市般润文化传播有限公司印刷

- ◆ 开本：880×1230　1/32
  印张：7.5　　　　　　　　　　2025 年 7 月第 1 版
  字数：246 千字　　　　　　　2025 年 11 月河北第 3 次印刷

定价：69.80 元

读者服务热线：(010)81055296　印装质量热线：(010)81055316
反盗版热线：(010)81055315

PREFACE

前言

从 2022 年 9 月开始，在教学工作之余，我将自己的语文常态课堂点滴瞬间，以视频形式上传分享至 B 站"教书琐记"频道。未曾想短短两年多时光，竟有幸收获了二十五万听众朋友的支持与喜爱，视频的播放量累计已破千万。这本书里的内容，便是从频道众多视频中挑选出的 34 节课的片段实录。

2022 年是我教书的第七年，人们常说婚姻有"七年之痒"，而教书到了第七年，似乎也难以逃脱职业倦怠的困扰。身为教师，最怕的便是陷入"习以为常"的泥沼。习惯了按照固有的模式授课，习惯了以教师的"权威"视角去看待问题，久而久之，竟渐渐忘却了自己曾经做学生时的真切感受。

在我大三时，学校里曾给师范生开设过一门微型教学课程，每次模拟上课结束，我都能收到一份专属的录课视频，回到宿舍，我会反复观看，"逐帧"分析，仔细琢磨课堂上的每一个细节，发现亮点，反思不足。

于是想着是否也可以用拍视频的方式来记录、反思自己当下的课堂。而当我第一次静下心来回看自己的讲课视频时，那种"习以为常"的状态瞬间被打破。透过视频，我得以再次置身于课堂之中，以学生视角重新审视这节课。我意识到唯有更用心用情地去备课，才能对得住教材中的那些经典文本，才能对得住台下学生投来的信任目光。

　　"有情、有趣、有料",是我希望自己的课堂能够达成的效果,尽管受限于能力与精力,无法做到每节课如此,但也努力争取每节课都能有一个小亮点。我自己也常常会有这样一种感觉:每每备出一节满意的课,心里就会无比期待明天的到来。无论现实生活中出现了多少的烦心事,只要上课铃声一响,那些烦忧都可以暂时忘却。在有限的四十分钟里,与学生一道,可以什么都不用想,只管沉浸在作者创造的语言文字当中。

　　本书中每篇"课堂一瞬"在体例上都由三部分组成:教学设想、课堂实录、听众妙评。

　　第一,"教学设想"部分,主要分享的是我在备这节课时的个人感想,大多数的教学起点都源于自己或学生初读文本时的阅读困惑。备课的方法主要在于八个字——"细读文本,关联生活"。

　　"细读文本",就是努力在"字里行间"细读出更多信息。我很喜欢"字里行间"这个词。字里面、行中间,本是空白,但如果能从空白中读出一些初读时领会不到的东西,对学生而言就是一种收获。就像孙绍振老师所言,语文教师的难点就在于"他们面对的不是惶惑的未知者,而是自以为是的'已知者'。如果不能从其已知中揭示未知,指出他们感觉和理解上的盲点,将已知转化为未知,再雄辩地揭示深刻的奥秘,让他们恍然大悟,就可能辜负了教师这个光荣的称号⋯⋯"

　　"关联生活",就是尽可能多地将经典文本与眼下的生活相联系。联系学生的生活,联系教师自己的生活,联系这个时代正在发生的一切。当千百年前的经典文本与这一切相结合,便拥有了新的价值与生命力,学生也会更愿意亲之爱之。

　　第二,"课堂实录"部分,是将课堂视频转换成文字的过程。在重新梳理的过程中,我发现很多时候自己的课堂语言过于口语化和啰唆,不够凝练，因此在转为文本时做了大量的调整和修改。当然视频也有它的好处，更生动更直观，尤其是学生们的互动反应，他们的欢笑、惊呼让课堂更加鲜活。读者朋友们也可以在 B 站"教书琐记"频道搜索书中感兴趣的课题，同步观看课堂一瞬视频，感受真实的课堂氛围。

第三，"听众妙评"部分，则是精选了每节课视频下方的听众评论。听众的反馈有些一针见血，直击要害；有些学识渊博，为课堂内容提供了有力补充；有些则是借此分享亲身经历，温情动人。这些听众的评论，不仅让我看到了不同视角对课堂的理解与感悟，更是对我教学的鞭策与鼓励。

最后，还是想借此机会道几句感谢。

感谢我的大学恩师童志斌老师，我现有的语文教学观念几乎全都来自他的课堂启蒙，书中很多课文的解读也是深受他的影响。

感谢学校领导、同事的支持。学校相对自由宽松的教学氛围，为我在语文课堂上的探索与实践提供了广阔的空间。尤其要感谢组里两位特级教师——包建新老师、张永飞老师，他们对后辈悉心提携，少苛责与要求，多鼓励与示范，同时，他们对"本真语文"的倡导与坚守，都让我受益匪浅。

感谢出版人姚新军（@长颈鹿27）老师，是他的认同、努力与推动，才让我的第一本书得以顺利出版。

同时，也把这本书送给回浦中学 2025 届高三（15）和（16）班的全体同学，希望能以这样一种方式，留住我们共同的语文课堂回忆。

《诗经》有云："靡不有初，鲜克有终。"

与君共勉。

朱林鹏

2025 年 1 月 24 日

推荐序

（一）

朱林鹏是一位颇有才气的青年语文老师。

因为是在同一个学校任教的缘故，在他工作第一年我就听了他好几次课，印象是从容、清晰、有内涵，俨然是从教多年的老教师。有一个地方做培训，约我作个讲座，同时要求自邀一位语文教师，能够把讲座的理念用课堂形式呈现出来，我邀了朱林鹏老师。开这样的课是比较难的，但朱老师的课上得很好，受到与会老师的充分肯定。那年是他工作第二年。

有一次他跟我讨论议论文写作教学与《乡土中国》的教学，很有见地，我鼓励他写成文章发表，并一起讨论了写作纲要，不久，他果然写成了两篇论文，先后发表于《教学月刊》。我曾申办过本地的工作室，朱老师自然成了核心成员。工作室行将期满时，大家讨论希望一起出本书，作为一起研讨的成果，这便是在 2019 年出版的《写作——我们这样教》，我约他做副主编。这本书的样章和统稿工作都是他完成的，我只是出了个框架，倒是坐享其成了。那时，他工作还不到三年。

当然，与我交集之外的出色表现一定还有很多。无论是课堂教学还是教学研究，他初上讲台就表现突出，大家都觉得他的教书生涯一定会非常出彩，前途不可限量。

工作室期满，他与我讨论也少了起来，偶尔他会跟我讨论班主任工作和学校管理上的事情。后来，听同事说，他在 B 站发了不少"课堂一瞬"，点击率很高，还受电视台之邀，在电视节目里上课，建议我去看看。我不太在 B 站看视频，更主要的是我自以为是地认为朱老师这是想走"异路"，于是一直没有去看。直到他的课堂教学案例结集出版，索序于我，我才认真地看他发在网上的语文教学实录，一看就被深深吸引。

每次关掉视频，眼前总能浮现他憨憨的笑容和宽厚的上课姿态，在他的课堂上，师生是真正平等的，丝毫没有居高临下的感觉，甚至感觉不到他在引导学生的痕迹，氛围是那般的自然和谐，虽然他也不时地给学生一些走进文本的方法，但没有一种"教"的滋味。

朱老师的课堂散发着一种魅力。他的课，走心，打开视频，就有想把它看到最后的愿望。比如，在《子路、曾皙、冉有、公西华侍坐》的教学中，他以类似心灵探秘的方式，抽丝剥茧，探讨曾皙的回答为什么能够击中孔子最柔软的地方，突破他的心理防线；在《项脊轩志》的教学中，他以归有光的人生经历为轴心，旁征博引，"复原"了课文的情感世界。丰富的内容在他温和的讲解中一页一页翻开，最终让文本鲜活地呈现在学生面前，让人不知不觉沉浸其中。

应该是有意识的追求吧，朱老师十分注意把学生的生活情感世界与课文的生活情感世界联结起来，把作者的人生际遇、自己的人生际遇、学生的人生际遇连接起来。这大概是他的课能够走心的一个重要原因。教《子路、曾皙、冉有、公西华侍坐》，当学生体会到曾皙的回答击中孔子内心之后，他联系学生与自己分享的生活瞬间，使学生的情感与孔子的情感同频共振。这样的例子每节课都有，有的课会有不少。在他的课堂上，联系生活不仅是作为一种方法而存在，而是最大限度地让学生贴近文本。联系学生生活并不难，难的是文本的世界充分呈现后联系生活，难的是这生活是学生正在发生的真实生活，离开这些，共振是不会发生的。

但语文课毕竟是语文课，朱老师的"走心"课总是在"感悟言语"的根基之上。比如，在《登泰山记》的教学中，他从语法、语言的情味、具体情境、作者的人生经历等不同角度，让学生感受"苍山负雪，明烛天南"的美感和张力；在《雷雨》的教学中，他与学生一起讨论一个个普普通通的词语、一个个不经意的句子中包含着的人物心灵的颤动，这样，人物的爱恨情仇就无须扣帽子式的评析了。这种以"感悟言语"为根基的教学理念体现在朱老师每一节语文课中。一个成熟的自觉的语文教师应该在课文的字里行间寻找意趣、情趣和美感，让学生感觉到言语的存在，感觉到言语的质地、色彩与芳香。

虽然努力概括了朱老师的课堂教学特点，但总有一些语言赶不上他鲜活课堂的感觉。也许看一看学生和老师的网评，更能感受到他课堂的样子。

他 B 站上的教学视频，以非常朴素的形式展现自己的日常课堂，几乎没有丝毫的技术加工，但对学生心理的触动却是巨大的。下面摘录一些评论，感受一下朱老师的课带给学生（包括准学生）的心灵振动：

"我很庆幸，能在对学习充满期待、心怀好奇的年纪听到您的课，所以在此处留下我浅薄又杂乱无章的感想。"

"回想高中时的语文课，我总觉得少了点什么。感谢老师，感谢互联网，重新找回了我心底那种对语文的欣赏、理解、感悟的能力。"

"听老师讲课真是一种享受啊，也许语文的意义就在于此，不仅只是学一篇文章，而是灵魂的碰撞与交流，第一次有这种沉醉于文字间的感觉。"

"中午偷闲看了您的视频，又有了很多感动。您是好老师，您懂得怎么给我们的生命带来诗意。"

"感觉我的语文课就是在学文言字词、句式，小说的手法，应试技巧等。但从来没有一节语文课是老师带我们去体会去思考一些深刻的道理或语句。"

B 站上的课也吸引了不少语文教师观摩，他们对朱老师的课也是赞赏有加：

"旁征博引，娓娓道来，老师用心讲，学生认真听，可望而永不可即的课堂。"

"羡慕你的教学状态，也以此激励自己继续努力，更上一层楼。"

"老师太厉害了，我也给学生讲过这篇文言文，我也注意到了这八个字，可是我却没能讲得这么温情。敬佩！"

"优秀的老师！我教书十三年，看到视频，转发给另一教书近三十载的老师，也赞不绝口。"

课堂的魅力一定来自课前用心的备课，朱老师在谈到工作体会时曾说："当你备出一节满意的课的时候，你会无比期待明天的到来。"这种感觉只有在备课时真正用心才会拥有。

在语文课堂不断被"异化"的今天，特别希望朱林鹏老师能够坚守自己的课堂。

浙江省特级教师　浙江省回浦中学原副校长
包建新
2025 年 2 月 20 日于望轼轩

推荐序（二）

ENDORSEMENT

成为"不寻常"的语文老师

今年除夕前一天的晚上八时许，突然看到有人主动来添加微信："童老师好！我是您2016届的师大学生朱林鹏。"——"朱林鹏"这个名字，当然是熟悉而亲切的。印象当中林鹏是师大汉语言文学专业本科生里，在语文教学专业方面特别认真积极主动的年轻人。当时他主动请缨担任了我任教的课程"语文教学论"的课代表，并且经常和我们研究生伙伴一块儿参加"硕士沙龙"。毕业后，他回到家乡台州的回浦中学任教。

毕业那年，林鹏郑重地给我送了几本"大家小书"，记得是北京出版社的《天道与人文》（竺可桢著）、《〈水浒传〉与中国社会》（萨孟武著）。当时我半玩笑半鼓励地对他说："期待有一天能收到一本林鹏自己写的书……"——让人意想不到的是，年轻的语文老师朱林鹏，在担任高中教师第9年时就出版了自己的第一本专著，而我有幸成为书稿最早的读者。

更惊喜的是，加了微信之后，才欣喜获知，年轻的小朱老师早已是名声在外。2023 年 8 月 14 日，《南方周末》公众号发文《这群高中生，为自己写下悼词：一节关于死亡的语文课》，以 5000 余字的篇幅，专题报道小朱老师自 2016 年起，将悼词课加进了自己的课程图谱。借鉴恩格斯《在马克思墓前的讲话》的视角，林鹏老师布置了这样的作业：请学生以他人的视角，为未来的自己撰写一篇悼词。——这样的教学内容与教学行为给学生与社会所带来的冲击，可想而知。同年 12 月 7 日，《浙江日报》"潮新闻"平台专文报道，标题是《讲课不走寻常路，教学视频播放量破千万，临海 90 后语文老师朱林鹏》。报道里，我们看到学生们围坐在草坪上，品尝着老师准备的涌泉蜜橘，探寻着"自古逢秋悲寂寥"的原因，开始了一节秋日诗词"飞花令"这样"出格"的语文课。

如林鹏自己所言，"有情、有趣、有料"，是他希望的语文课堂能够达成的效果。因而，他成为特别受学生欢迎的语文老师，并且登上了山东卫视"超级语文课"的平台。

何其有幸，与林鹏一直是语文教育专业道路上的真正"同道"。在本书自序中林鹏这样说：感谢我的大学恩师童志斌老师，我现有的语文教学观念几乎全都来自他的课堂启蒙，书中很多课文的解读也是深受他的影响。而在林鹏 B 站的课堂分享中，有一堂名为《"我不停奔跑，只为追上那个被寄予厚望的自己" | 〈项脊轩志〉课堂实录》的视频课，拥有 88.2 万次的播放量*。在该视频下方，有林鹏自己的文字说明**：

这节课的内容主要参考的是恩师童志斌老师在 2005 年发表于《语文学习》杂志上的《室小乾坤大，方寸显真情——〈项脊轩志〉教学实录》一文，感兴趣的朋友可以去知网找来原文看看。时至今日仍然记得童老师在大学课堂讲这篇文章时带给我们的震撼与感动。

---

* 截至本书出版的时间，该视频播放量已超过90万次。——编辑注

** 文字略有改动。——编辑注

——惭愧得很，更多的是欣慰：看到自己的学生如今有这样"不一样"的作为与建树，作为一名教师，由此所获得的专业自豪感可想而知。不夸张地说，林鹏的文本解读习惯与教学风格，甚而至于其课堂 PPT 的风格习惯，多少都有童老师的影子在。

当然，作为老师，感觉到得意的不只在于自己带给学生的影响，更在于自己亦从学生那里获得专业的收益。能够与自己的学生"共成长"，何其快哉！在观看林鹏的课堂视频与阅读相关的文字报道时，我时时会产生一种"于我心有戚戚焉"的契合感、共鸣感。同时，也常常有一种"心向往之"的期待感，和"我也可以这样做"的跃跃欲试。

对呀！我也可以像我学生那样去做。比如林鹏的很多教学理念与方法，对我自己目前正在给浙江师大研究生开设的课程，以及给附中基地班、西藏班的高中学生开设的"人文素养基础"课程的教学产生了直接的影响。受林鹏启发，我打算未来在课程内容与教学方式上进行大幅调整，让我的学生也能够于"有情、有趣、有料"的课堂中获得感满满。——事实上，这两天课堂上一改往日以童老师单身呈现为主的常态，转而由同学们分小组于课前自主制作 PPT，在课堂上轮流上讲台进行分享。无论是基地班还是西藏班的同学，拥有了自主的平台之后，他们展现出太多的智慧能力，带给老师太多的意外惊喜。

《南方周末》的报道中，专门提到林鹏引导同学"自撰悼词"的灵感来源于业界知名的语文教师郭初阳。值得一提的是，林鹏在本科阶段，正是在我授课的"语文教学论"课堂上，有机会了解郭初阳的人文教育理念与独特的语文教学探索。更由衷地期待，得益于林鹏在 B 站等网络平台上分享的课堂视频，以及他的第一本专著的出版，会有更多大学生与年轻老师受其影响而在语文教育专业道路上走得更坚定更长远。

可以预料，在不久的将来，小朱老师一定会在专业道路上稳健前行，在教育观念与教学实践上更成熟，更有自己的风格，成为更多学生眼里"有意思"的好老师，成为普通语文教师眼里"有思想"的好教师。让更多的年轻学子，在"不寻常"的语文课堂里，感受到教育的不凡魅力与语文老师的不一样的专业作为。

——与年轻的林鹏老师们共勉，亦且以自勉。

浙江师范大学教育学院

浙江师范大学附属中学

童志斌

目录

1 第一章　进退之道

2 第二章　生死之间

3　第三章　爱与被爱

4　第四章　内外所求

5 第五章　细节之力

第一章

进退之道

历史喧哗，"进退之道"宛如隐秘丝线，
穿梭于成败、荣辱之间，编织着人生万象。

进，是对理想的追寻。
如王安石，不惧旁人冷眼，哪怕前路荆棘；
似归有光，一生奋发求索，终见庭前花开。
退，是与自我的和解。
如姚鼐，毅然决然，于浩瀚书海中重寻力量；
似孔丘，晚年怅惘，在沂水春风中觅得自在。
又如乐天，泪湿青衫，于琵琶轻弹中求得共鸣；
也似太白，快意洒脱，在梦游天姥中畅享自由。

1

"追寻生命中的那一束光"

《登泰山记》课堂一瞬

📖 教学设想

　　和绝大多数同学一样，一开始接触《登泰山记》，我个人也并不喜欢这篇文章的风格，尤其相较于同单元里的《赤壁赋》，《登泰山记》的情感并不显露，行文也是平铺直叙，给人感觉更多只是单纯记录一段游历的过程。但是当我翻阅相关资料，尤其在了解了作者姚鼐在写此文前后所遭逢之事，再回看此文，才会发现其平实语言背后的意有所指，就好似解密游戏一般，去看到"字里行间"作者真正想要传递的情绪。恰如刘勰在《文心雕龙》中所言"登山则情满于山，观海则意溢于海"。

　　而在具体教学时，课堂主要聚焦"苍山负雪，明烛天南"这八个字，借助孙绍振教授所倡导的"还原法"，尝试带领同学们还原"负"与"烛"二字的妙处，领会其中旨趣。"负"非"覆"，而在其精神背负；"烛"非"照"，而在其微光暖意。除夕夜登泰山，更有辞旧迎新挥别过往、迎来新生之意。

时至今日，我仍记得那晚备课虽至深夜，心情却是越来越激动，无比期待明天的到来，期待同学们在听完这节课后能够爱上这篇文章。

课堂实录

当我们学了本单元那么多的文章以后，现在应该有一种意识。即一篇写景的文字，它往往不只是简单地在写景而已。比如苏轼笔下的赤壁、朱自清笔下的荷塘、史铁生笔下的地坛，其实都有自己的一番主观情感融于其中。而这篇《登泰山记》看起来是在这么多篇里边，作者将自己隐藏在幕后最深的一篇文章。之前听到有同学说并不喜欢这篇文章，读着无聊，也没有那么直白的情感透露，但其实有时往往越是隐晦、越是含蓄，等我们把它解读出来的时候，可能越会有一种恍然大悟之感。

（一）品析"苍山负雪"

那这八个字到底怎么解读，有一种很好用的解读方法。当我们不知道这八个字好在哪里的时候，我们可以先"还原"一下：一般文人或我们自己在描绘这番情景的时候，会选择用哪几个字来修饰形容？

像"苍山负雪"这样的情景，一般的表达应该是怎样的？像教材里面的注解，其实是把原文的美感给消解了的。翻译说"青黑色的山上覆盖着白雪"，相当于是把"负"直接等同于覆盖的"覆"。那这样的翻译对应的表达就是"雪覆苍山"。而关键处恰恰就在于这个"负"字。如果注解把它又翻译回"覆盖"，美感就荡然无存了。

那我们就要问这个"负"字到底好在哪里，看到这个"负"字，你们能组哪些词？

很多同学想到的是"背负"。"背负"很显然是人的一个动作，而这个动作首先是一种外化行为，好像一个人在背着某些东西。那很形象，此刻山好像背着很多的雪。但"背负"其实也有一种精神的隐喻。此刻雪就不是雪了，可能更多的是一种心理负担。

那这时我们就要知人论世一下，在这篇文章的开头，作者特地跟我们强调了这一年是乾隆三十九年十二月。这一年他经历了些什么？他做了一个人生当中非常重要的决定——辞官。辞官这个事，不是那么简简单单就能说出口的，尤其是对于姚鼐来说，他这个官，是非常不容易才考上的。有多不容易？我们现在为了高考认真准备三年，大家都会觉得这三年其实很辛苦。如果万一考得不好，可能再来一年复读。那姚鼐他读了几年呢？他考科举的会试一共考了五次，古代的会试三年一次，五次会试至少是十五年的时间。其中历经了四次失败，他才终于考上了。

但是当他真正做了一段时间的官之后，才意识到做官这件事并没有自己想的开心。当然，他不开心的缘由有很多种解读。最多的一种说法是因为他和一些同僚意见不一致，常常被排挤、被打压，常常被迫做一些自己不愿做的事，说一些不愿说的话。渐渐地，心里的重担压得他喘不过气来。

这一年，他并非偶然途经泰山，而是从京城辞官之后直奔泰山，他就是想要到泰山走一走，来排解一下烦恼的心绪。他也在想辞官的决定到底是不是对的，就好比我们以后也可能会经历一份做得不开心的工作，当你决定要辞去这份工作的时候，一定不是一件简单的事。**因为辞职是一瞬间的事，辞职之后的生活该怎么过**，你生活的经济来源在哪里，你是不是又会重新找一份类似的工作，你还能去干些什么，这都会是你必须考虑的问题。所以他也一直在想，新的生活当中的那束"光"到底是什么？

（二）鉴赏"明烛天南"

眼前所见之景"苍山负雪"显得有一丝压抑，但当视角从苍山移至雪，再向上望去，他看到了什么？就是那束生活当中的"光"——明烛天南。同样，如果我们把这四个字转换成一般的表述，如果不用"烛"字，用什么呢？用"照"。通常我们可能用的是"光照天南"。

而那么多的动词他不用，为什么他偏偏用了一个名词"烛"？这个"烛"是能够带给我们一种想象的。由这个"烛"字你想到了什么？

——蜡烛。而蜡烛的光是怎么样的？——微弱的。同时它的颜色是怎样的？——大多是暖黄色的。前文他写到了那么多的景物，其实给我们的感觉都是一种冷色调，风、雪、云、雾都是冷的；但是这一刻，突然远方的天空出现了一种暖色。

而课文注解也是同样的问题，它把这个光给消解了。它说"雪反射的光照亮了南面的天空"，那我们就会有一个困惑——雪光是冷色还是暖色的？雪光肯定是冷色的，那为什么要用烛光呢？是他为了要温暖而温暖吗？并不是，你要注意这个光是什么光，答案就在下一句——"望晚日照城郭"。

这一刻是什么时刻？夕阳西下之时。太阳光是冷色还是暖色？这一时刻是暖色的。所以当他历经了种种苦难，从京师一路冒着风雪来到泰山脚下，又爬了那么多的山路，终于到了这一刻。回首望去，犹如"半壁见海日"那一瞬间的惊喜感。他看到了生命当中的那束光，就像电影《心灵奇旅》里提到的那个关键概念：**人生当中"火花"被点燃的那一刻**。对姚鼐来说，这一刻他的人生火花瞬间被点燃。

那这个"火花"到底是什么？对他来说，如果不去做官的话还可以干吗？他做了人生中最重要的决定，就是回到家乡桐城去教书、去写书、去编书，去把自己认为对的理念传播给更多的年轻人，这是他想做的事。当然他也会有犹疑：这个事到底值不值得去做？他有犹豫，所以他专程从京城来到泰山，找到了曾经非常要好的朋友朱孝纯，两个人曾经一同历经苦难。当姚鼐多次科举不中心中苦闷时，他结识了朱孝纯，所以他觉得这个朋友能与他一同来排解内心的焦虑和忧愁。

教书琐记
上一节有情有趣有料的语文课

（三）体悟"辞旧迎新"

而登山这一天的时间选择也是很不一样的。这一天是什么日子？是除夕夜。除夕意味着什么？同学说意味着团圆，但对一年来说，除夕意味着旧的一年的结束，也意味着新的一年马上到来，所以也有"辞旧迎新"之意。这个时候，对姚鼐来说，也算是一种内心仪式感的达成，这一刻他觉得自己是要辞去过往那些不开心的事，那些让自己感觉到负担沉重的事都可以忘却。这一刻迎接自己的是新生，他好像找到了生命当中很重要的那束光、那个火花。

"苍山负雪"，它是给人一种沉重感的，但是只有当这种沉重感把人压得足够低的时候，再看到"明烛天南"的那一刻，才会有更大的惊喜和愉悦。对姚鼐来说，过往的生命历程也是如此：当你觉得一件事，已经非常努力地在做，**当你埋头苦行却找不到出路的时候，不妨抬头看一看天，你会发现好像我有另外一种选择**。我不必非要在这个官场里边摸爬滚打，我可以跳出去做自己真正想做的事。尽管这样的选择会让我付出一些代价，也会让我失去一些东西。但是如果它让你得到的东西更多，那它也是值得的。所以这样来看，这八个字绝非单纯写景，它一定是有作者的情绪蕴含其中的。

（四）观照自我

在学了这八个字之后，当你下次看到类似的场景的时候，看到雪山、看到日光照在雪山上，一定会想起这八个字。这八个字在你的生命当中，就不会再忘却。

那么还有一点很重要的是什么呢？你生命当中也会有一些光。比如说高中生活，同学们普遍觉得还是很累的，比初三更累一些，课时增加、作业繁重、人际交往变复杂等等，但其实你也可以去找找生活当中有没有一些难得的"小确幸"。

就像在上一次随笔当中，我有看到很多同学会在寻常生活中看到光的存在。比如，有同学可能就是因为今天在食堂吃到了好吃的一道菜就能开心一整天；今天刚洗的衣服，刚好有个晴天把它晒得干干的香香的，就让人觉得很舒服；晚上跟室友聊天唱歌也觉得好开心；一想到今天下午要放假了，开心得就要跳起来了……**这些都是生命中非常平常的时刻，但也都是无比珍贵的时刻**。

每每看到这些文字的时候，我觉得很打动人的地方在哪里呢？就是我们学了这么多经典作品，作者想要传递给我们的，包括老师在课上想传递给大家的，有很多同学都能够感受得到，并且在生活当中也会有意识地去发现。这点非常重要。

这一节课我们就讲了八个字，但是希望这八个字能够长久地印在同学们的脑海当中，下课。

💬 听众妙评

@负笈觅山月：想起自己看见皑皑雪山里，夕阳照射在雪山上，天地原野覆盖一片金色的时景。也想起了自己辛苦读书，却在工地就业，度过的苦闷的日子。后裸辞艰苦考公，逐渐发现自己的光是寻求生命的美。继续准备考研学法，想去追寻社会公义之美。如今已经 26 岁了，各种现实压力都要面对，寻求美与面对现实的冲突让我焦虑压抑，如今再看到"苍山负雪，明烛天南"时，有豁然开朗、慨然落泪的感觉。

@山有鲸：首次见到这几个字时不解其意，只是觉得它很美。是平生所见，为之一二。后来听完老师讲解，我大概知道美感在哪儿了。"负"之一字其内蕴含"背负"一意；又言山是苍山，于我而言有种"苍生"之意，山若众生，颇如佛家之境"看山不是山"。下句，"烛"与"照"不同，是一点微光向外扩散，同时光的微弱又与雪交相辉映，"烛"的暖色光覆盖在冷色的雪上，两者并不是互不相容，反而有种阴阳相生之美，傍晚的暖烛在白雪上闪烁。

于是泰山便似仙山，此景便如仙境，游人便是仙人。苍山幻化成众生背负着白雪匍匐在青冥之下，却并不会感到沉重，因为他们抬头便是星火，抬头便是微光。姚鼐先生心有所求，于是落笔写下"负"字；满怀希望，于是缓缓道出"烛"字。

2

"我不停奔跑，
只为追上那个被寄予厚望的自己"

《项脊轩志》课堂一瞬

📖 教学设想

　　这篇文章最有名的是结尾那句"庭有枇杷树，吾妻死之年所手植也，今已亭亭如盖矣"，其用情至深，感人肺腑。不过也正因这句话，束缚了很多人对这篇课文的理解，如果将这篇文章仅仅理解为作者的爱情回忆，未免过于狭隘，也有损这篇文章的经典价值。

　　本节课从"家族的重担""祖母的期许""母亲的关怀""个人的心志"四个篇章细读原文，最后殊途同归，落在归有光的"人生理想"上。

　　此刻眼前的枇杷树亭亭如盖、硕果累累，时光的年轮走过一轮又一轮，十多年倏忽而过，而"我"的人生理想又实现了多少，是否追上了那个曾经被那么多人寄予厚望的自己？

　　这节课主要参考的是恩师童志斌老师在 2005 年发表于《语文学习》杂志上的《室小乾坤大，方寸显真情——〈项脊轩志〉教学实录》一文，时至今日仍然记得童老师在大学课上讲解这篇文章时带给我们的震撼与感动。对我来说，能有机会向我的学生继续传递这份感动，真的是件再幸运不过的事。

课堂实录

在预习反馈中，很多同学对这篇文章的第一感受是它写得很琐碎、割裂，像是流水账一般。感觉作者就是记录了几件和亲人之间的小事，会有点感动，但总感觉过于零散。

但实际上，这篇文章是极其克制含蓄的，**在我们看起来或许比较平淡，但这"流水账"背后，是真情的暗流涌动。**这篇文章也并非很多同学想的那样，只是在讲自己和三个女人（祖母、母亲、妻子）之间的感情之深，他有更想传递给我们的情绪，等待我们去字里行间细细挖掘。

（一）家族的重担

我们首先看到作者写的第一件事情："诸父异爨"。这件事情说白了就是"家族内部分家"，但我们会发现归有光把这段经历写得很隐晦。

"爨"这个字很难写，但我们通过观察它的字形，发现其实它也可以很简单。

字的最上方是两只手端着一个器皿，把它放到灶台上，下面两个木是柴火。最下面是另外一双手，负责加柴火。"爨"的本意就是烧饭的灶台。"异爨"，就是不用同一个灶吃饭，代表的就是分家。

"内外多置小门墙，往往而是。"原先是"庭中通南北为一"，现在多了很多的小门墙，也就意味着亲戚之间开始有隔阂了，大家各立门户。

"东犬西吠，客逾庖而宴，鸡栖于厅。"这句话里的三个分句就是三个细节。第一个细节，"东犬西吠"，什么叫东犬西吠？东边的狗向西边叫。养狗的同学不妨回想一下家里的狗什么时候会叫？对，有陌生人来的时候。说明这时候家族内部之间，原先是亲戚好友，现在慢慢地都成了陌生人，所以你家的狗看到我才会如此警觉地对着我吠叫，这是一个细节。

第二个细节，"客逾庖而宴"，正常客人来家里做客肯定要从正门进，现在却只能从厨房进来参加宴会。这其实也很无奈，不得已而为之，因为可能正门那边住着很多其他的亲戚，入口早已被门墙隔断，无法经由他人房间进来，只能委屈宾客从后厨进来，后厨大多油污遍布、相对杂乱，这一幕想想都很窘迫。

第三个细节，"鸡栖于厅"，为什么鸡会在厅堂这个地方栖息？厅堂原本是干吗的？——或是会客，或用以祭祖。那往往就是一大家子人聚在一起。原本是其乐融融的大家族，但分家后大家的感情逐渐淡漠，甚至还会发生大大小小的争执，渐渐地就不聚在一起了，"厅堂"也就这样荒废了，所以才会出现"鸡栖于厅"。

"庭中始为篱，已为墙，凡再变矣。"原先分隔庭院是用篱笆来分隔，后面变成了墙。是因为家里有钱了，造的墙更好了吗？并不是，篱笆是空心的，是相对软的，可以相互照见的，像是杜甫在《客至》中所写的"肯与邻翁相对饮，隔篱呼取尽余杯"。隔着篱笆大家还能聊上几句，有所往来，**但现在变成了实心的高墙，说明家族内部的隔阂越来越深**。

当下有个很流行的词叫"断亲"，由于社会城镇化和少子化，人们的家族观念逐渐变得淡漠。很多年轻人都会希望和亲戚减少往来。但在古代却是恰恰相反。我们引用费孝通先生在《乡土中国》"家族"一章里边的论述。乡土社会对家族是极其重视的，"家必须是绵续的……氏族本是长期的，和我们的家一般……中国的家是一个事业组织，家的大小是依着事业的大小而决定……如果事业大，超过了夫妇两人所能担负时，兄弟伯叔全可以集合在一个大家里"。

而现在归有光所在的家族，已经没有办法成为一个聚合在一起的家族，这一点对他来说是很难接受的。

在《归氏世谱后》中曾记载："吾家自高、曾以来，累世未尝分异……为吾子孙，而私其妻子求析生者，以为不孝，不可以列于归氏。"这么多代来，归氏一族从未分异过，而且祖训尤其强调不可私其小家。

在《家谱记》中也曾记载："归氏至于有光之生，而日益衰……率百人而聚，无一人知学者；率十人而学，无一人知礼义者。"现在归家的年轻一代，普遍都没有什么才华和能力，家族衰微似乎难以避免。

那怎样才能够让这个分崩离析的大家族重新聚合起来？需要有一个主心骨。对古代来说，怎样才能成为一个家族中的主心骨？怎样才能体现一个人能力强、地位高？**唯有考取功名**。整个家族振兴的重担就落在了归有光的身上。这是背负在归有光身上的第一重期待。

（二）祖母的期许

在这个家里面，还有谁对归有光在功名上抱有很强烈的期待？他的祖母。有两句话，其实很能代表祖母的期望。

第一句话，"吾家读书久不效，儿之成，则可待乎！"孩子，有一天你一定能成功，而且这个成功是可待的。什么叫可待？为期不远，指日可待。祖母虽然已经很年长，但依旧相信在其有生之年，一定能看到归有光成功考取功名。

第二句话，"此吾祖太常公宣德间执此以朝，他日汝当用之。"什么叫"当用之"？"当"是肯定、一定。祖上曾用过的象笏，相信有一天你一定能用得上。而根据张自烈《正字通》中记载："明制，笏，四品以上用象牙，五品以下用木。"象笏至少是四品的高官才能用，也可见祖母对他的期望之高。

而在此刻，在归有光 18 岁时记录下这段文字的时候，他仍旧一事无成，而祖母却在两年前就已经亡故。所以，祖母并没有看到他功成名就的那一天。**"儿之成，则可待乎！"已然成为缺憾与追忆，更遑论"执象笏以朝"**。想到这些，归有光"长号不自禁"。

（三）母亲的关怀

那同样还有一种缺憾来自哪里呢？除了祖母之外，还来自母亲。本段借由老妪，也就是其奶妈的视角，提及母亲的一些往事。

"某所，而母立于兹"，你的母亲曾经站在这里过；"汝姊在吾怀，呱呱而泣"，那时你姐姐在我（老妪）的怀中，哭得很厉害。而你的母亲以指轻叩门扉，问了一句"儿寒乎？欲食乎？"。这句话其实很简单，翻译过来就是"孩子是冷了吗？是饿了吗？想吃东西吗？"但是我们会发现，这句话一下子就戳中了归有光的泪点。"余泣，妪亦泣。"此处同学提出了两个问题。

第一，为什么母亲要以指叩门扉，而不是直接进去抱抱孩子？同学猜测可能是母亲病了，身体不佳，不便与孩子见面，有一定道理。老师查到的一种说法，说的是因为孩子现在处于"戒断母乳期"，需要奶妈给她喂奶，而在戒断母乳过程当中，如果孩子见到了自己的母亲，肯定会更依恋自己的母亲，而更加抗拒奶妈喂奶，从而导致戒断失败。所以母子相亲却不能相见，是不得已而为之。

第二，为什么归有光会哭成这个样子？此时明明说的是母亲和姐姐之间的事情。这是因为母亲也早已在归有光八岁时亡故。此刻当他站在母亲曾站过的地方，想起母亲曾说过的温柔话语，**而今物是人非，不禁悲从中来**。

虽然母亲很早就过世，但在归有光和母亲之间，其实也一同经历过很多事情。

在另外一篇文章《先妣事略》中，归有光详细地追悼了母亲一生中的关键事件。

"先妣周孺人，弘治元年二月二十一日生。年十六来归。逾年生女淑静，淑静者大姊也；期而生有光；又期而生女子，殇一人，期而不育者一人；又逾年生有尚，妊十二月；逾年，生淑顺；一岁，又生有功。"

"先妣周孺人"是对已故母亲的尊称，"年十六来归"，十六岁时母亲嫁到归家。过了一年，生下了大女儿淑静，"期而生有光"，满一年后，有光出生。"又期而生女子"，又过了一年，又生了"女子"，女是女儿，子是儿子，是双胞胎。"殇一人"，双胞胎有一个生下来就死了。"期而不育者"，过了一年，另外一个也夭折了，这两个人甚至没有留下姓名。"又逾年"，又过了一年，生有尚。生有尚的时候母亲也很辛苦。"妊十二月"，正常妊娠是十个月，比正常多了两个月，又生下来一个。过一年，"一岁，又生有功"。

以我们现在眼光来看，这种生育的密集程度是难以置信的。或许是因为频繁的生育，一直以来母亲的身体都不是很好。

"正德八年五月二十三日，孺人卒。诸儿见家人泣，则随之泣。然犹以为母寝也，伤哉！于是家人延画工画，出二子，命之曰：鼻以上画有光，鼻以下画大姊。以二子肖母也。"

母亲去世时，"诸儿见家人泣，则随之泣"。我们那时候还小，不知道为什么大家都在哭，只好跟着一起哭，我们并不能理解母亲已经去世了。"然犹以为母寝也"，我那时还以为母亲只是在睡觉，现在回想起来，实在是太难过了。

而且那时因为母亲去世突然，没有留下任何一张遗像，只好临时请画工来画。找了两个孩子，因为母亲和这两个孩子很像。"鼻以上画有光"，上半张脸和有光比较像；"鼻以下画大姊"，鼻以下和大姐淑静比较像，所以就这样组合成了一张画像。**这在某种意义上，就把有光和大姐还有母亲之间，构建了一层特殊的关联。**所以在前文当他听到姐姐和母亲的往事时，情绪才会如此失控。

此外在《先妣事略》中还记录了两件事情，能体现母亲对归有光的严格要求，尤其是在学习上。

"有光七岁，与从兄有嘉入学，每阴风细雨，从兄辄留，有光意恋恋，不得留也。"

第一件事，有光七岁时，跟着堂兄有嘉一起去上学。每逢刮风下雨天，堂兄想偷懒不去上学，"今天下雨，哥不去，学有什么好上的！"有光也"意恋恋"——小孩子嘛，玩心都比较重，想着也不去了。但是母亲不允许，母亲说你还是得去，你必须得好好读书。

"孺人中夜觉寝，促有光暗诵《孝经》，即熟读，无一字龃龉，乃喜。"

第二件事，有一天母亲半夜醒来，督促有光背诵《孝经》。其中有两种可能，一种是有光这时候还没睡，刚好也醒着，母亲就来检测一下。还有一种可能，有光已经睡了，母亲突然想让他起来背书，这可能更严格一点。有光其实很厉害，大半夜熟读无一字龃龉，《孝经》从头到尾非常流畅地背下来，说明他在这方面是真的很有天赋。

这两个事件，都从侧面体现了母亲对有光抱有很高的期望，希望他未来有一天能出人头地。

至此，**我们梳理了三种不同的期望：家族的重担、祖母的期许、母亲的关怀。**这些都不得不推动着归有光要努力往前走。除此之外最重要的，**还有他个人的心志。**

（四）个人的心志

"余扃牖而居，久之，能以足音辨人。"

归有光常年待在书房里，关着窗户安静学习。长此以往，他对窗外的那些声音就很敏感，能够凭借脚步声来辨别来者是谁。

"借书满架，偃仰啸歌，冥然兀坐，万籁有声。"

同时他在这个房间里边非常地自在，有时大声吟诵，有时安静思索，能够听到自然界很细碎的声音。这对他来说是很专注的独处时刻，**独处并不意味着孤独**。在轩中枯燥乏味的读书时光，对他来说，反而是再幸福不过了。

这让老师想起之前在网上看到的一段采访，《明朝那些事儿》的作者石悦在接受央视采访时，回忆了一个细节，他说："我经常上自习，十一点钟一个人在教室自习，自习完了以后回去的路上，那个时候已经没有人了，我就走在路上往宿舍走，只能听到自己的脚步声。那个时刻我感到一种无比的喜悦，我感到我在不断地向前进。"这种情绪，如果有一天你能体会到，确实是很幸福，不会觉得学习学到半夜十一点很辛苦，相反，会有一种自得满足感。这和归有光提到的"冥然兀坐，万籁有声"一样，一样的自如，一样的自得其乐。

"轩凡四遭火，得不焚，殆有神护者。

……"

虽然此刻归有光还一事无成，但是他总觉得有一天自己肯定可以做到。因为冥冥之中，他觉得上天有在保佑着项脊轩，亦在保护着轩中认真求学的他。

在这一段后面，有一个省略号，和《项脊轩志》原文比较，教材省略了一段话。昨天也让大家试着去补写一下这段。有同学写的是归有光屡试不中落寞回乡的场景，有同学则写的是归有光考中功名后衣锦还乡的场景，最多的同学写的是项脊轩第四回遭火的场景以及人们是怎么救火的。而事实上原文是这样写的。

"项脊生曰：'蜀清守丹穴，利甲天下，其后秦皇帝筑女怀清台；刘玄德与曹操争天下，诸葛孔明起陇中。方二人之昧昧于一隅也，世何足以知之，余区区处败屋中，方扬眉、瞬目，谓有奇景。人知之者，其谓与坎井之蛙何异？'"

这段是 18 岁的归有光，自称"项脊生"展开的一段评论。第一件事，以前蜀地有一个叫清的女子，她的丈夫很早就去世了，她继承丈夫的遗产——丹穴，并将它建设得很好，为天下提供了很多的矿藏资源。秦始皇感念她的功德，为她筑了女怀清台来纪念她。第二件事，诸葛孔明的事我们比较熟悉，就不过多解释了。

而归有光和他们两个之间的共性是什么？都在世上的某个角落经历过一段默默无闻的岁月——"蜀清守丹穴""孔明起陇中""余处败屋中"。**虽然"我"现在还不为世人所知，但是总有一天，"我"会像他们俩一样名满天下。**可能有人听到"我"这样的说法，会觉得"我"就像那个无知的、自大的井底之蛙，但是"我"不在乎，因为"我"会用实际行动向他们证明"我"能做到，"我"会狠狠地打那些质疑者的脸。

18 岁的归有光，毕竟还年轻，尽管当下处境艰难，但仍旧对未来充满了美好的憧憬和想象。可现实是什么？现实是他被 18 岁的自己狠狠地打了脸。

这篇文章极其特别的一点在于，其写作时间跨度非常久。文章的最后两段其实是 13 年以后的补写，中间又发生了很多事情。

他在 18 岁写完《项脊轩志》之后，20 岁时考中了秀才，算是往前迈了一小步，但离考中进士还有很远的距离。

（五）庭有枇杷树

23 岁，他与妻子魏氏结婚。虽然妻子也是母亲生前指定的，他俩也算是包办婚姻、指腹为婚，但是非常幸运的是，两人很是情投意合。

"从余问古事，或凭几学书。"妻子有疑问会问，归有光也愿意回答。还会教妻子靠着书桌学写字。这是特别美好的一幕。归有光在另外一篇文章《请敕命事略》提到，妻子对他真的很好。

"先妻少长富贵家，及来归，甘淡薄，亲自操作。时节归宁外家，以有光门第之旧，而先妻未尝自言，以为能可以自给。及病，妻母道人日来省视，始叹息以为姐何素不自言，不知其贫之如此也。尝谓有光曰：'吾日观君，殆非今世人。丈夫当自立，何忧目前贫困乎。'"

那时候归家早已家道中落，生活困顿。但是"先妻未尝自言"，妻子回到娘家从不说那些糟糕的事情，反而说的都是顺遂之事。回来之后还会不断鼓励有光："吾日观君，殆非今世人。"我现在看夫君，觉得你不是一般的人。"丈夫当自立，何忧目前贫困？"你有一天一定会出人头地，不必担心眼下的贫困，你只管用心求学，家中之事自有我来操持。

可见妻子对他其实也是非常信任和支持的，相信他有一天一定能够功成名就。但同样遗憾的是，妻子也没有等到他出人头地的那一天，因为在归有光 28 岁的时候，妻子就亡故了。

此刻，再续《项脊轩志》时，他已 31 岁。他的人生处境是怎样的？幼年丧母，中年丧妻，科举一事无成，家族分崩离析。这些都是对他人生一重又一重的打击。而所有的情绪也都蕴含在了文章的最后一句话。

"庭有枇杷树，吾妻死之年所手植也，今已亭亭如盖矣。"

在读这句话时，首先有一种情绪相信大家能感受到——来自"物是人非"的伤感，当年种下的小树苗如今竟已长得如此高大，而我所爱的人却早已不在。

　　但是在这之外还有哪些情绪？我们可以先关注到这句话的断句，这关系到这棵枇杷树到底是谁种的问题。有以下三种不同的断句。

　　第一种是"吾妻 / 死之年 / 所手植也"，即枇杷树是妻子种的，在她死的那年，她生前亲手种下的。第二种说法是"吾 / 妻死之年 / 所手植也"，是"我"在妻子死的那一年，妻子死了以后，"我"种下去的，以此来怀念妻子。不过这种说法也有人提出异议，认为不太可能是"我"种的，因为有人发现在这篇文章中，凡是直接提到第一人称"我"，没有用"吾"

的表达，全部都是用"余"，也就是说如果这棵树是"我"种的，应该用的是"余所手植"。这篇文章中凡是提到"吾"的其实都是指其他人，比如说"吾怀、吾从"是指老妪，"吾妻"是我妻子，都是组合出现的。因此有人说不太可能是"我"种下的。

那其实还有第三种可能，就是他们俩一起种的。班里有同学有补写出这样的场景，非常有画面感，让人感动，下图为学生补写的内容。

C. 犹记得事吉在世那数年，我们住在项脊轩下这小小的一方天地里，清晨我犹卧在床，看着她在镜前"梳妆，清晨光熹微，照映在她白皙的脸庞，又停留在她那瓣朱唇上。我轻轻唤她之名她便回头朝我温婉地笑。那是我生命中最美好的一段时光。那时，每至初夏，她总每从集市上买袋枇杷，悠归的午后，我们坐在庭院那树下乘凉，我便替她剥那袋枇杷果，一个个黄的果肉在两人闲聊间便一扫而光，有时树上的小鸟悄悄地落在脚边，啄食未吃完的果肉，微风轻拂，初夏的一点热气也被带走，留下的只有美好的闲趣时光。后来，因她善吃枇杷，我便买了一株枇杷树苗，在一天傍晚，她满心地种下了那棵小树苗，满眼期待地跟我说等日后枇杷树长成后，垂一同去摘这树上的枇杷果。夕阳流转在她眼眸中，我笑望着答应她。可如今这枇杷树已如伞盖般高高耸立，园又是几年前一样的黄昏，我也在枇杷树前，夕阳落下余晖，但我的身旁却只有孤影相伴，从前紧握的手也早已不再，我摘下枇杷果，剥多皮，却再也不见那如昔的含笑的面庞。默默地

黄雅妮

　　我们现在种下这棵树，想着来年等到丰收的时候一起去摘枇杷果，但是等到来年的时候，**"我的身旁却只有孤影相伴。从前紧握的手，也早已不在，我沉默地摘下枇杷果，剥了皮，却再也不见那双眸含笑的脸"**。曾经我们一起许下的诺言，却再也没有办法实现。

　　同时，我们会发现，眼前的这棵枇杷树，仍在不断地生长。枇杷树又是一种果树，每年果实都结得满满当当。除去物是人非的伤感，这里出现了另一重伤感：枇杷树都在慢慢地生长，而"我"呢，这么多年，"我"都干了些什么？"我"到底又获得了什么？

　　这时我们不妨思考一下，为什么这个书斋名叫项脊轩？

　　其实有两种说法，一种说的是归家先祖住的地方叫项脊泾，所以以此来命名，为的是纪念先祖；还有一种说法，"项脊"这两个字本身其实是很有画面感，什么是项？是脖子；什么是脊？是脊梁。脖子和脊梁是人体承载力量很重要的部分。所以有光也是希望以自己的"项脊"来撑起众人的期许。

此刻当他看到眼前这棵枇杷树的时候，突然感慨：原来已经过去这么多年了，我还是什么都没做到。**曾经那么多人对我抱有期望，我不停地在奔跑、在追赶，但是好像还是没能追上曾经被寄予厚望的那个自己。**

故事到最后，归有光的人生走向到底是怎样呢？在他 35 岁的时候，也就是写完这篇文章之后四年，他终于考中了举人，这又是一次很大的飞跃。下一步是考进士，在他 36 岁的时候应礼部试，下第南还；往后三年一次，39 岁、42 岁、45 岁都没能考中。转眼过去 24 载，在他 60 岁的时候，终于考上了，礼部会试成进士，最后当了我们浙江长兴县的知县。不过又很快，在他 65 岁的时候，他就离开了人世。纵观他的一生，他有过诸多遗憾、万般不舍，但越过万水千山，终究还是追上了年轻时被寄予厚望的自己。

回到一开始所说的，在大家现在这个年纪读这篇文章，很多同学理解不了，觉得这篇文章很琐碎、如同流水账，我觉得是正常的。因为我们大多数人没有经历过那些苦痛、那些遗憾，所以没法理解。这或许对你来说是一件幸事，说明你在过往的人生当中整体还是非常顺利的。但是大家现在学这样的一篇文章，意义在哪里呢？**就好像给你埋下一颗小小的种子**，若干年以后，当你经历了这些人世变幻，或者在你的人生当中出现了一些求而不得的遗憾的时候，那时你再看归有光的这篇《项脊轩志》，你可能才能真正地形成共鸣。当然，我也希望大家一生诸事顺遂，不要经历过多波折坎坷。但有些时候，人生就是这样，我们或多或少都会经历，在所难免。或许，到那时你能更深刻地理解这篇文章。

听众妙评

@disheng666：16 岁的一颗子弹，带着呼啸的风，击中 16 年后的我。

@haruki1201：最近心态失衡，事业受挫。今天偶然刷到了老师讲的《项脊轩志》，感觉冥冥之中有天意。看完一下子点亮了我的回忆，我印象中的《项脊轩志》并不是如此，我像在时间沙漏里捡到了金子，在时间的长河里看到了闪亮的启明星。万般思绪涌来。同样是被家族寄予期望，同样是关系渐渐冷漠的家庭。我被夹在其中喘不过气。事业也看不到前进的方向。我想逃离这个行业，脱离深渊，但也更怕回家面对家族里长辈的质问。从初中开始被寄予厚望，然而高考却不尽如人意，大学直接浑浑噩噩开摆了。双非一本不好不坏，不上不下，工作争取好一点的力不足，干差一点的又觉得心不甘。就我自己而言，文中最喜欢的一段是，借书满架偃仰啸歌……中度抑郁，逃离工作，我就想找个地方休息一下，看看书干干自己想干的事。看完课后又给了我些许勇气了。

3

"即使是坚定的理想主义者，
也不是每时每刻都在义无反顾"

《子路、曾皙、冉有、公西华侍坐》课堂一瞬

📖 教学设想

这节课的教学起点在于"为什么孔子会如此认同曾皙之志"。对这个问题的解释存在两种普遍说法。一种是说曾皙之志恰好是孔子心目中理想盛世的画面；另一种则是说曾皙之志道出了孔子晚年时避世隐退的内心想法。

在讲课中，首先是找到那面能发现不同的"镜子"，也就是借其他弟子的志来"照见"曾皙之志的特殊性。尤其是子路之志，课上通过细读语词和对比"游戏模式"将子路背后的"其言不让"点明。再引入《论语》中能体现孔子隐退想法的其他章节来做补充比较。最后，关联同学的生活小事，让同学感受每个人心中都有潜藏的心事，会在某个不经意的瞬间透露出来。

总之，在讲授《论语》篇章时，**最重要的是还原孔子作为"人"的特质。**

既然是"人"，就会有犹疑不定的时刻，也会有可亲可爱的瞬间。只有如此，学生才会更愿意亲近孔子，亲近《论语》。

📺 课堂实录

（一）曾皙的"和乐盛世"

（曾皙）曰："莫春者，春服既成，冠者五六人，童子六七人，浴乎沂，风乎舞雩，咏而归。"

在一年四季中，夏风常常闷热，秋风显得萧瑟，冬风则过于寒冷凛冽，唯有春风，似乎带给人一种"刚刚好"的舒适感。趁着春风正好，"我"和一群年轻人一起出来游玩，大家一起唱歌，一起跳舞，一起在沂水边洗去污垢。尽兴之后，各自归去。这样的生活能否称之为志向？

此时孔子的态度就很重要了。我们原以为孔子作为老师会对这样的生活嗤之以鼻。没想到夫子喟然叹曰，"吾与点也！"其背后的原因何在？为何孔子会喟然长叹？

曾皙似乎只是在描述一件小事，却从中透露出当时社会大环境的和谐共生。换言之，作为普通人，我们能够享受到这些微小而欢乐的瞬间，有个重要的隐含前提，是社会本身和乐安定。在孔子看来，弟子曾皙描绘的就是其心目中理想的大同社会场景，**这是他在脑海中幻想过无数遍的美好愿景**，因此长叹之。

与此同时，要想理解为何曾皙之志受到孔子赞赏，另一个关键点在于要和其他弟子的"志"做对比分析。我们可以找一个人作为"镜子"来观察其中的差异。

这个人是谁呢？正是子路。孔子对"子路之志"持有不同的态度，表现为"哂之"。首先，我们需要明确"哂之"这种笑究竟是什么笑？

41

有人认为是略带讽刺的嘲笑，也有人认为是平和的微微一笑。那到底是哪一种笑？我们先来看看"子路之志"是什么。

（二）子路的"困难模式"

　　子路率尔而对曰："千乘之国，摄乎大国之间，加之以师旅，因之以饥馑；由也为之，比及三年，可使有勇，且知方也。"

　　我们先站在子路的视角，他希望做一件怎样的事？他计划用三年时间治理一个处于危患中的国家，使之恢复秩序，同时确保民众有勇又知晓礼义。这难道不是一个大志向吗？然而，正如先前曾皙之志中隐含的社会大前提，同样地，子路之志也预设了一个特定的社会大前提。子路所描述的这一图景代表了怎样的社会状况呢？这是一个极度动荡的社会，动荡到何种程度？

　　首先，这个国家是"千乘之国"，千乘意味着拥有一千辆战车，是一个中等规模的国家。而中等国家在国际地位上往往处于一个尴尬的位置。如果国家足够强大，它可能会主动出击其他国家；如果国家过小，它可能暂时不会受到大国的觊觎。中等国家实际上是最容易受到攻击的。

　　再者，如果这个中等国家地处偏远，尚可暂得一时安稳。可是子路给它添加了更为严苛的第二个条件，即"摄乎大国之间"。夹在大国之间的中等国家，首当其冲，必将率先面临攻击和战乱。"加之以师旅"，这些大国的军队将直接杀过来，这是"外患"。除此之外，还有"内忧"——"因之以饥馑"。"因"为接续、增加。"饥"，特指谷物歉收，即粮食作物无收成；"馑"，则指果菜歉收，即瓜果蔬菜均无收成。

　　那这时给人的感觉就很像是大家玩游戏时选择的不同模式，游戏里有 easy 简单模式，normal 普通模式，还有 hard 困难模式，也有人称之为"地狱模式"。**子路就是在给他自己所构想的这个社会不断地增加难度，直至"地狱模式"**。而此时急需一个大英雄来拯救这个世界，他是谁？"由也为之"——那必然是我子路了！同时，子路也承认，想要改变这种内忧外患的局面并非一蹴而就，需要至少三年的时间，同时也意味着老百姓至少要经历这样的生活三年。虽然子路的想法是很好的，想要向老师证明自己是有能力的，可是子路在这里缺乏了一个最基本的意识，就是他所构建的社会环境本身，老百姓的生活依旧很困难，依旧是生活在动乱当中。这样一来，曾皙和子路所刻画的理想社会现状就有明显差异了。

子路之志，呈现的是一个乱世中能够杀敌带兵的勇士，更多的是为了展现个人能力，"其言不让，是故哂之"；曾皙之志，呈现的则更多是一个太平盛世中自得其乐的智士，更多的是希望看到国家安定，两者的境界不同由此可见。

（三）孔子的"隐秘心事"

这是一种理解，但是仅停留在这一层面还不足以让"夫子喟然叹曰"，孔子为什么会长叹了一口气？真正能够击中孔子心中那片最"柔软"的地方的到底是什么？

如果要继续深入探究，我们则需要看到其他几个弟子的志向。子路、冉有、公西华所表达的志向，应该说都在孔子的意料之中：子路希望建立强大的军队，冉有希望使民众富足，公西华则期望民众知礼。这些回答都挺好，但都在孔子的设想之内。曾皙的志向却在孔子的意料之外，孔子未曾料到曾皙会描绘出如此画面，而正是这幅画面击中了孔子的内心深处，让他情不自禁发出长叹。

这就不得不提到这番对话发生的背景。这番对话发生在孔子自卫国返回鲁国后的四年间。此时，孔子已步入人生晚年，却一直未能得到重用，他救世的理想始终没能实现。曾皙所描述的场景，在某种程度上代表了孔子内心最柔软、最隐秘的部分。在世人眼中，孔子是坚定的理想主义者，是知其不可而为之的坚守。但我们也需要知道，**就算是理想主义者，也**

并非时时刻刻都坚定不移。在某些特殊情境下，他们也会流露出隐退之意，孔子亦是如此。

　　《论语》中多处可见孔子表达此类情感。如他曾对颜渊曰，"用之则行，舍之则藏，唯我与尔有是夫"。若有良机，则出仕；若无良机，则隐退，能做到这样的可能只有我和你了。孔子还曾言，"道不行，乘桴浮于海"。如果有一天自己所追求的道确定无法实现，那我愿乘小筏远赴海外隐居。再如孔子被困陈国时亦曾表达归乡之意，"归与！归与！

吾党之小子狂简，斐然成章，不知所以裁之也！"透露出他内心极度渴求回乡与弟子重聚的意愿。

其实我们会发现孔老夫子他也有所谓的性格 AB 面，他的 A 面更多的是"知其不可而为之"的坚定，而潜藏在这底下的 B 面就是周游列国郁郁不得志而萌生的隐退之意。所以看起来曾晳说的这番话出人意料，却又是孔子内心中无法言说的一部分。曾晳的描述非常有画面感，作为千百年以后的我们看到这样的语段都仿佛身临其境，自有一股心旷神怡之感，那更别说是当时现场的听众们。至此，孔子卸下了他心里的防线，才有了那一声喟然长叹。

（四）同学的"治愈小事"

有些时候就是这样，**一些意料之外的话语恰恰能够体现出你内心当中潜藏已久的一种想法**，我们生活当中也是如此。

这让我想起同学在上周随笔中提到的一件小事。他说有一次在回学校的路上，他和爸爸妈妈还有妹妹四个人坐在车上。爸爸在送他来学校的路上提了一句妹妹长大之后要努力做个学霸。或许爸爸是说者无心，但同学听者有意，因为他进入高中后，成绩相较初中一落千丈，如果他没法成为学霸是不是就对不住父母的期许，同学在那一刻非常落寞伤心。但是这个时候，温柔的妈妈出现了。妈妈说了一句话："妈妈觉得不一定就要做个学霸，妈妈只希望妹妹也好、哥哥也好，你们两个人只要平平安安、健健康康、快快乐乐就很好。"

以往总是和爸爸站在同一战线的妈妈，突然释放出如此温柔的回答，真的是在同学的"意料之外"。然而，这份"意料之外"正中同学的心坎。同学在随笔中与老师分享这件事时，内心是特别感动的。实际上，这样的话语反而更能够激励同学努力学习。或许这就是"意料之外"所带来的力量。

听众妙评

@计芸：作为一名高一学生，我在放学的路上看到了这节课的视频。最初是因为课上没有详细解释这篇课文才点进来，没想到这个视频让我开始重新认识孔子。在此之前，我一直都认为在战国那个时代相较于儒家，法家更务实。儒家的学者总是沉浸于自己的理想中，不顾社会的现状，有一种逃避的心理。所以或许是出于叛逆，一直都对儒家有些轻蔑。特别是对于这篇课文，我的老师也并没有解释孔子赞同曾皙观点的根本原因，让我对儒家的偏见愈深。

之前历史课上老师提问："如果穿越会去哪个朝代？"我当时的回答是：战国。因为大争之世，更容易建功立业青史留名。现在想来惊出一身冷汗，不免为自己的"利己主义"而感到羞愧。如果我的荣耀与功勋是建立在千千万万人的痛苦之上，又有什么意义？而孔子与曾皙正是因为清楚地认清了社会的现状，才会将最终的志向定为天下太平，哪怕真正的太平盛世中他们与其他平凡人别无二致。

这是一种伟大的精神，一种真正的济世情怀。

接触语文十年，从来没有人告诉过我孔子到底是一个什么样的人，我听到的尽是赞扬，却不知人们为何赞扬。阅读的总是传世经典，却不知它们为何经典。

放学路上望着星夜中的万家灯火、车水马龙，看着人们在如孔子所述的太平盛世之中奔忙，心里突然宁静了下来，觉得平平淡淡的生活，好像也不错。

4

"我本可以忍受黑暗，
如果我未曾见过光明"

《琵琶行》课堂一瞬

教学设想

一位是堂堂江州司马，一位是年华老去无人问津的琵琶女，两个人身上到底有多少共性，才能引起作者如此强烈的共鸣，以至于最后"青衫湿"。

或许是因为他们都曾经经历过更繁华更瞩目的生活，而此刻却已从聚光灯下跌落隐去。物是人非，再回想起往日种种，难免心生慨叹。白居易和琵琶女的人生经历大不相同，但这种对当下生活的不满与遗憾此时却是共通的。

作为读者，我们一生中也会面临类似的情感落差，人生中有高潮亦有低谷，有得志亦有落寞，而这也正是所有"天涯沦落人"逃脱不了的共性，也是《琵琶行》如此打动人心的原因所在。

📺 课堂实录

　　人生中很残忍的一件事是什么呢？就是你一直以为未来有无限可能，突然有一天你意识到，好像这辈子就只能这样了。就像琵琶女觉得她能够一直被"五陵年少争缠头"，一直过着那种被簇拥着的生活的时候，多年后却只能"去来江口守空船"，在茫茫江水中守着这一艘空船，默默度过漫漫的长夜。

　　就像美国诗人艾米莉·狄金森所写的那首小诗，"我本可以忍受黑暗，如果我未曾见过光明（Had I not seen the Sun, I could have borne the shade.）"

如果琵琶女不曾体验过那样的生活，或许她会觉得自己最终嫁给了一个商人，至少衣食不愁，也能活得下去，好像也还算幸福。但是，事实上她有着"十三学得琵琶成"的少年成名，"曲罢曾教善才服"的才华横溢，"妆成每被秋娘妒"的花容月貌，"一曲红绡不知数"的烜赫一时，"钿头银篦击节碎"的潇洒恣意。她确乎经历过更为绚烂多彩的生活，所以她此刻内心多多少少是有些不甘的。

白居易亦是如此，如果他是平民出身，然后从底层一步一步往上晋升到江州司马，其实也还是不错。但我们要知道他的职业生涯起点就是在京城为官，一路担任"翰林学士""左拾遗"等职，却因奸人诽谤，被贬江州。对他来说，这段经历，其实也有着很明显的情感落差——可气可恨可悲。

同样，如果此刻你回到我们常说的"**所有的文学都是在读自己**"，大家可以观照一下自己的生活。当然此刻你可能没有这种感觉，因为对同学们来说，各位的身上是充满着无限的"可能性"。有谁能说三年之后，你会在哪里？到底会身处祖国的哪个角落，谁也说不定？你可能去往了你想去的大城市，北京、上海、广州、杭州等等。你非常喜欢大城市里的生活，努力读完四年大学，努力留在那个大城市。也可能像老师上一届的一位学生，他不远万里前往祖国新疆，感受着新疆的人文风韵。抑或你只是到了我们学校对面一街之隔的台州学院，留在了家乡临海，但你也很享受这里的生活。

上次的随笔让大家去写家乡文化，有同学就写道，他很喜欢家乡临海，但是一想到自己喜欢的那份工作大概率没有办法在临海这样的小县城找到的时候，最终还是会远离家乡，他突然觉得很伤感和难舍。当然也有同学恰恰相反，他说自己很不喜欢临海这样的小县城，想要逃离家长，想要努力考到大城市去，但又担心会因为种种缘由，自己无法留在大城市，最终不得已回到家乡。如果是后者，不知若干年之后，当你想起曾经有机会留在大城市打拼，去获取更好的生活，最终却回到家乡的那一刻，是否会感到落寞？

　　当然，个人的选择不同。七年后当各位大学毕业时，一定也会面临人生的一个重要关口：到底是选择去大城市拼搏，还是回到家乡小县城过完余生？这是各有利弊的选择。只是希望大家**不要去美化未曾选择过的道路**，努力过好当下的生活就很值得。

💬 听众妙评

　　@拉古－拉古："我本可以忍受黑暗，如果我未曾见过光明"这句诗是美国女诗人狄金森写的，今天听老师一讲才觉得和《琵琶行》中的情感如此相像。我自己是做西方文学研究的，前段时间在比较华兹华斯、济慈的田园诗和陶渊明的田园诗，越学越觉得世界文学其实在很多地方都是共通的，全人类那种在血脉中的人文情感都是共通的。

　　@名字被吃掉辽：说得很好呀！看到最后想到我自己，在我上一年考研的当天妈妈脑出血了，从此就和我想象的人生之路南辕北辙了。毕了业回家里县城工作，和我差不多的同学都读了研留在了大城市。偶尔会觉得是不是当年读个研就好了，又开解自己，不喜欢的专业读研也没啥太大意义。现在觉得我能陪着病床上的妈妈度过这六年真的不后悔。

5

"身不由己之时，
是遵从内心还是卑躬屈膝"

《梦游天姥吟留别》课堂一瞬

教学设想

　　李白在这首诗里绝大部分时间都在描绘此番梦境的奇谲与辉煌，让人感慨其想象之丰富瑰丽。但如果仅停留于此，尚不足以引发读者深思。更打动人的是，他在梦醒后的"决绝"。这种"决绝"是选择斩断过去那个不得不摧眉折腰事权贵的自己。

　　因此这首诗更像是一份"宣言"，选择向全天下人宣告，我李白最终还是想要"做回自己"。就像《世说新语·品藻》里说的那样"我与我，周旋久，宁作我"。

　　在讲课中，我尝试联结了同学们以后可能会面临的工作中的诸多"不得不"。其实更多也是一种激励，希望大家能够更好地强大自我、不断成长，从而才有更多说"不"的权利与自由。毕竟不是每个人都有李白这样的才华与底气。

🖥 课堂实录

当你正在做一场美梦，梦里或许是见到了你最想见的那个人，或许是得到了你最想要得到的东西，又或许是去到了最想去的地方。但此时梦突然被打破，你不得已惊醒，你会做何选择？很多人或许会选择倒头继续呼呼大睡，努力把这个梦接上，让自己在梦中得到圆满。

可是李白并没有这么想，他选择回到现实。全诗绝大部分都在写他的这场大梦，多么奇谲多变，多么浪漫辉煌。但最后一句话，却最为写实、最具批判性——"安能摧眉折腰事权贵，使我不得开心颜"，将所有人一下子从梦境拉回现实。

李白一生多次到访长安，但屡次未能得到重用，几乎每次都是带着无比的失意落寞离开长安。曾经他也在面对一些所谓的高官贵族时，不得不摧眉折腰、卑躬屈膝地做着自己不愿意做的事，说着自己不愿意说的话，写着自己不愿意写的诗。但是突然这个梦告诉他，这样的日子，他不想再过了。

或许多年后，当我们步入工作岗位，也会碰到类似情形。难免你会碰到一些你不愿意做的事，不愿意面对的人。我们可以再具象一点，或许以后我们会碰到这样的场景：老板带着你去见客户，在饭局上，迫不得已一定要喝酒，但是你其实不喜欢喝酒，你也喝不了太多酒，甚至你今天还恰好生了一场病，你更不能喝酒了。可是老板告诉你必须得喝，你得讨好这个客户才能拿下这单生意。那么请问各位，你会选择喝还是不喝？

类似的两难处境常常会出现。在身不由己之时，到底是选择坚持自我、遵从内心，还是选择卑躬屈膝、听命他人？这是很难抉择的。

而李白在他的政治生涯前期，不得已做过很多身不由己的事。但从这一刻开始，梦境中的一切突然让他意识到，他不想在现实当中再过这样"摧眉折腰事权贵"的生活。或许我们很多人也会私下里有过这样的想法，在日记里，在和密友的对话里，在那些不是公之于众的场合，我们肯定也狠狠吐槽过，挣扎过。但对李白来说，最难能可贵的是，他将这些想法写进了诗里。

这首诗的标题叫《梦游天姥吟留别》。"留别"告诉我们这首诗是送给他留在山东的这帮朋友的。也就是说，这是一封"公开信"，这是一次"公开宣言"。我向我的好朋友们宣示：我以后不会再做这样摧眉折腰的事，**我不会再去刻意取悦任何人**，我想选择自己能接纳的方式，一种能让我自己得到"开心颜"的方式。

同时李白作为一个大诗人，他写下这样的诗句，或许隔天、隔月，老百姓们也都能看得到他写的这句诗，甚至当朝的名臣重臣也都能看得见。所以他其实并不忌惮这些。他既然敢写下这句诗，敢说出这句话，就说明他**做好了接受一切"被凝视"的准备**。

就好像如果你在朋友圈里面宣示，"从今往后，我某某某再也不在饭局上喝酒了"。你是否有勇气发出这些字？而李白敢说出这样的话，说明他是真的富有勇气。这股勇气当然也来自李白的底气。他是有底气的，他可以选择不这么做，是因为他有另外一种选择，他可以选择用他的诗歌、用他的才情，让他的名字一直留下来。

那对我们来说也是一样，我们的人生有没有另一种选择？就像刚刚那样的场景，在你可以选择说"不"的时候，你有没有勇气去说出这个"不"。如果你选择硬刚那些你看不惯的陈旧规则，能否做到，很大程度上取决于你的个人专业能力，你需要不断地提升自己的能力，不断地让自己得到成长。只有这样，在你需要说"不"的时候，你才有勇气说出"我拒绝，谁爱干谁干去！"

对当下的李白来说，他不在乎所谓的高官厚禄、所谓的他人眼光，此刻他只在乎一件事，就是找到属于自己的"开心颜"。

🗨 听众妙评

@DJ-东君：我觉得这个问题的答案与人的人生观有关。你的人生目的是什么？若卑躬屈膝是卧薪尝胆，那有何不可？反之如果没有目的，只不过是坐以待毙，又为何要使我不得开心颜？行为和态度终究是达成目的和创造价值的手段。若与目的相关，自然选择；若与目的无关，又何必自讨苦吃。

@蟹堡王最好吃：16岁的高中生们，他们未来是有多种可能的。有同学可以靠技术吃饭，有同学可以读博士做科研，并非只能到酒桌上陪客户喝酒。老师举这个例子的目的应该是激励同学们努力学习，选择自己喜欢的工作，有足够的储蓄和理财能力，有足够的能力对讨厌做的事情说"不"，别到了中年在酒桌上不能拒绝，只能喝酒。与大家共勉！

6

"要谦让，
更要当仁不让"

《答司马谏议书》课堂一瞬

📖 教学设想

王安石变法，从结果上来看，并未取得全面的成功，王安石身上的执拗与偏激也常常被很多人诟病。但不管如何，其个人身上的理想主义色彩与对国家、百姓的赤诚之心，应当是毋庸置疑的。这或许也是这篇文章得以入选教材的重要原因。

这个世上有理想主义者，就会有现实主义者，还有犬儒主义者，当然更多的还是沉默的大多数。在这篇并不长的文本中，这四类人的身影我们都能从中找到。

王安石的功与过，自有历史学家去细细论证评说。但他身上的这份"当仁不让"的担当与果敢，定是值得我们去认同和欣赏的。

📺 课堂实录

面对一个积重难返的社会，大多数人的态度如何？其实是沉默不语的。"人习于苟且非一日。"大家都习惯了这样的苟且的生活，每天混混日子，反正国家一时半会儿垮不掉，各人自扫门前雪，莫管他人瓦上霜。

而朝堂之上的士大夫官员们，他们又是怎么样的呢？"多以不恤国事、同俗自媚于众为善。"他们丝毫不在乎这个国家到底糟糕到什么程度，对他们来说只要学会献媚讨好，让自己的官职能够保全就可以了。绝大部分人都是沉默的大多数。这是一类人。

第二类人，"今日当一切不事事，守前所为而已"。这类人他们看起来在做事，但其实什么事都做不成，因为他们更多想的是把以前的制度、行为延续下来，也就是以司马光为代表的保守派，更偏向于现实主义者，觉得一切要慢一点为好。就好像面对一个病入膏肓的患者，有人选择保守治疗，认为不能用药太猛；有人觉得反正治不好了，就不去治疗；但也有人觉得我应该要试一试，下一个猛药看看能不能有所改变。有可能药效奇佳，一下子就治疗成功，但也有可能会加速病人的死亡。

站在王安石的立场，他还是觉得要试一试。"某不量敌之众寡，欲出力助上以抗之。"我也知道我的个人力量微小，敌不过那么多持反对意见的人，但是，我今天还是愿意出我自己的一份力。我的目的难道是为了求得个人名利吗？不是的，这些对我来说，其实并不重要。以现在的后来者视角来看，王安石确实是以身作则，在他的一生当中，直至行将就木之时，他没有给后人留下万贯家财，一生都是非常清贫的，他确实并不太在乎这些名利。

他可以说是一个非常"纯粹"的人，努力想要帮助这个社会去改变现状。早年间，他在现在宁波鄞州等地方上做官的时候，看到了很多民间疾苦，他觉得自己既然身居高位，**能力越大，责任也就越大**，总要去做一些改变，而不是就这样坐以待毙。这样的人，我们可以说他是典型的理想主义者。

这样的人也是孔子口中的"知其不可而为之者"，明明知道不太可能会成功，但是我们总要试一试。试了虽然不一定成功，但是不试一定会失败。这样的人也是《孟子》中提到的"虽千万人吾往矣"，即使有一千万个人挡在我面前，我也不退缩，一如既往地往前大步走去，这是何等地坚定。这样的人也是鲁迅先生口中的"我们从古以来，就有埋头苦干的人，有拼命硬干的人，有为民请命的人，有舍身求法的人……这就是中国的脊梁"。我们不能因为王安石变法没有取得成功，就否定他在整个改革过程中付出的一切努力。在 11 世纪的中国，王安石是为数不多的、能够有这般超前意识想改变这个国家的先锋者。

整个社会中，有沉默的大多数，有现实主义者，有理想主义者，还有一类人也需要我们注意。就是那些不愿踏实干事，但在背后甚至当面指指点点的一类人。**我们需要有人"指点"，但不需要有人一直"指指点点"**。王安石在文中也提到了这类人："怨诽之多……众何为而不汹汹然？"很多人只是单纯地在抱怨，却不去解决任何现实问题。

我们称这类人为"犬儒主义者"，"犬儒主义"对应英文单词"cynicism"，意为"玩世不恭，冷嘲热讽"。罗永浩曾经举过一个例子来说明什么叫"犬儒主义者"。他提到小时候有一次他坐公交车，在车上看到一个老奶奶站不住，他就起身给老奶奶让了座，这件事被他的一个同班男同学看到了。第二天回到班里的时候，那个同学就跟其他男生说："看那个傻瓜，昨天竟然给老奶奶让座，他肯定觉得自己厉害极了。"接着不断引导其他同学一起嘲讽他。这个事情看起来很匪夷所思，这明明是一件好事，但是总有一些冷嘲热讽的人，觉得你做出了他们做不到的那些行为，就应该被批评被嘲讽。这类人其实给这个社会带来了很多负面影响。

而原文里边有一句话让人很感动，"则固前知其如此也"。这些情况其实王安石都知道，在他有意变法之前，他就清楚地知道一定会有很多的怨诽之人。但即使在明知会被冷嘲热讽的情况之下，他还是愿意去变法，去承担这些流言蜚语。

古语里有一个词，叫作"当仁不让"。当这个时代的使命落在了你的头上，如果你不站出来做这个事，可能这个社会真的没有办法向前发展。或许人都会有自我怀疑，如果真的站出来了，真的能解决这些问题吗？会不会招来更多的非议？

但对王安石来说，这一切都不值得去担心去顾虑。因为顾虑太多，结果是做不成任何事。他唯一要考虑的就是，"我只需要去做就好了"。**总得有人站出来，为什么不能是自己呢。**

习于苟且之人，是不管不顾的沉默大多数；守前所为之人，是现实主义者，希望以更加保守稳妥的方式去呈现世界；怨诽指摘之人，是犬儒主义者，只会不断嘲讽世界。所以，这个世界缺少的其实是像王安石这样，愿意站出来出力改革世界的理想主义者。尽管他最后没有从根本上改变这个世界，但至少他站出来了，他出了自己的一份力，这是值得我们钦佩、敬仰的。

在我们学这篇文章之前，老师改大家的随笔的时候，有位同学就表达了自己对《答司马谏议书》的喜爱。或许王安石也不曾想过千百年后，会有这样一个年轻人，能够对他如此感同身受。我觉得很适合做今天课堂的收尾。

"满篇的文字当中，我只看到了在纷纷扰扰里，他只一个人力排众议，变法革新。他没有一个与他一同作战的知己，他的背后，只有他自己的影子，和一路走过的足迹。而'某不量敌之众寡'，我看见他笔直地站着迎着掀天白浪，可他终究还是失败了，**一个人倒在海浪里孤独而执拗**，满腔热血为了祖国，可终是被世界大败，郁郁而终。他的变法过于激进，可又有谁能给他时间慢慢来？可历史最终也没有如果。"

🗩 听众妙评

@丿北丶宸：此文是王安石对司马光所作《与王介甫书》的回复。司马光写道："观介甫之意，必欲力战天下之人，与之一决胜负。"两人在王安石变法之前本为挚友，皆认识到北宋朝廷积贫积弱，贪官污吏横行，军政腐败之实况，皆认为只有改革变法才是出路，但两人各自有道，王安石主张开源，扩大财政收入，司马光主张节流，裁减官员，精简士兵，因此不欢而散，但心中仍是为对方着想。王安石变法改革的初衷没有问题，但他仅仅以个人意愿，想将他在宁波所实行的一套政策直接推广到全国，确实是刚愎自用。短短几年颁布十来项政策，其中的一些政策甚至包拯也反对，如此操切，实际效果与初衷大相背离，不免落于失败的境地。

第二章

生死之间

站在"生死之间"的十字路口，前方幽微而神秘。

《与妻书》以爱为刃，斩断恐惧，让眷恋跨越生死鸿沟；
《兰亭集序》里诸贤雅集，于流觞曲水间感怀人生须臾；
《短歌行》的浅吟低唱，奏响求贤之音，抗衡宿命短暂；
《赤壁赋》借天地水月，参悟不变之道，挣脱生死樊篱；
《我与地坛》于荒芜中寻希望，残损之躯亦能拥抱新生；
学生以他人视角试写悼词，引其开启对生死的懵懂叩问。

1

"正是因为爱你，
才让我有了面对死亡的勇气"

《与妻书》课堂一瞬

📖 教学设想

　　这是我第一次上《与妻书》，每次面对这些自己读都感动不已的经典文本，备课总是战战兢兢，因为害怕自己的授课反而会让同学们丧失原有的感动。

　　面对这样的经典文本，过细的字词解释、语法讲解都是可以先被"放过"的，因为这些都极其容易让课堂跳出"情境"。同时，"情境"的设计最好也不要超出这封信本身，像是"游览林觉民故居""写导游词"或"写颁奖词"之类的"情境"一定会或多或少破坏其真情。

　　最好的"情境"一定还是来自文本内部。不妨代入林觉民的视角，试想此刻的"我"在担心什么，又想通过这封信传递什么。于是课上就有了这五个核心问题：

　　1. 我究竟有多爱她

2. 既然深爱着她，为何要离她远去而赴死

3. 如果我死了，她该怎么办

4. 怎样能够让她撑得住

5. 我还有没有其他的选择

循着这些问题，将信的内容进行打散重组，最终呈现的课堂效果非常不错，学生全程专注投入。尤其到最后一个问题，我们不禁要追问，明明林觉民还有那么多的选择，已经拥有了那么幸福美好的生活，为什么他还是头也不回地奔赴革命？答案只能是因为在他心中，一定还有比个体幸福和生命更重要的东西存在。而这个东西或许就是我们寻常人做不到，所以才心向往之的大义。

课堂实录

（一）相爱：我究竟有多爱她

在先前我们共读的《乡土中国》中，有一章叫"男女有别"，曾提到在乡土社会当中，夫妻之间应该要"避免感情的激动"，因为感情越是激动，社会关系就越不稳定。所以他们要追求的是感情的淡漠，男女不仅在社会分工上有差别，在心理上也要拉远距离，"他们不向对方希望心理上的契洽"。这是传统乡土社会中对感情的看法，哪怕到现在很多家庭也是如此：夫妻之间只是一种合作关系，没有太多的深情在其中。

那大家可以猜测一下，林觉民和陈意映他们两个人是怎样结为夫妻的？自由恋爱吗？不太可能。那时还是晚清时期，他们俩其实也是通过包办婚姻，是父母之命、媒妁之言。而这样的包办婚姻，无异于"开盲盒"，因为从未谋面的两人能够两情相悦的概率实在是太低了。但是他们两个就是例外，他们的感情非常之深。

我们来看其中的一个细节，在原文第四段写道"初婚三四个月，适冬之望日前后"，他想起来那个时候他们刚结婚，距他写下这封信大概多少年呢？我们可以算一下，他是 18 岁结的婚，那一年妻子陈意映 15 岁，就是在座各位女孩子的年纪。而他死的那一年是多少岁？ 24 岁。也就是说至少是 6 年以前的事，虽然时隔 6 年，但是记忆却无比鲜活明亮。

那是一个冬天的望日，什么是望日？"壬戌之秋，七月既望"，既望是农历十六，望日则是十五。十五的月亮很大很圆很亮，那天的月光特别美。"窗外疏梅筛月影"，月光打在疏梅之下，梅花的影子稀稀落落又映在了窗边，很是静谧美好。

而比这更加美好的是什么呢？"吾与并肩携手，低低切切，何事不语？何情不诉？"什么是并肩携手？（邀请一桌同学尝试演绎）这个状态是怎么样的？特别亲昵。我们低头相互诉说，无话不谈，彼此之间真心以待。

这类极其亲密的感情状态即使到了现在都很少见。比如大家可以观察一下你的爸爸妈妈，跟着他们一起散步、逛街的时候，你爸爸会牵你妈妈的手吗？很少。当然有些人不牵肯定是因为羞涩。但有些爸爸不仅不会牵，反而会故意拉远距离，他会往前多走几步，留你和妈妈两个人在后面走着。**这种身体距离有时也是心理距离的外化。**

《辛亥人物碑传集》一书中曾提到林觉民对妻子的评价"吾妻性情好尚，与余绝同，天真烂漫，奇女子也"。即使是包办婚姻，即使在洞房花烛夜之前，我们不曾知晓对方是怎么样的人。但很幸运的是，随着时间的推移，发现我们俩竟是如此地情投意合。

这种感情的投合我们也可以从信开头的第一句话看出来。"意映卿卿如晤"，何为"卿卿"？注释告诉我们是"对妻子的爱称"。那如果我们一定要把它翻译成现在的语言，你会翻成什么？（有生答"宝贝"）那考虑到它是个叠词，甚至可以把它唤作"宝宝"（生笑）。虽然有点肉麻，但不管怎样，"卿卿"这个词，出自《世说新语·惑溺》："亲卿爱卿，

是以卿卿；我不卿卿，谁
当卿卿？"其实这是夫妻
间非常亲密的称呼。所以
当妻子看到这封信的开头，
可以想见她心都化了。这
些细节都能够看出来他们
两人之间的感情是极好的。

（二）相离：既然深爱着她，为何要离她远去而赴死

此时我们不禁要问，既然深爱着她，为何要离她远去而赴死？爱她
不应该同她长相厮守、白头偕老？原文有没有告诉我们原因？

前文提到"吾至爱汝，即此爱汝一念，使吾勇于就死也"。"我"
非常爱你，但是正因为"我"如此爱你，才让"我"有勇气去面对死亡。
"吾自遇汝以来，常愿天下有情人都成眷属。"因为在和你的相处当中
"我"感受到了爱是一件特别特别美好的事，所以，"吾充吾爱汝之心，
助天下人爱其所爱"，**那由这份心推己及人**，"我"也希望全天下和我
们一样的有情人，都能够终成眷属、白头偕老。这是"我"选择离去的
第一点原因。

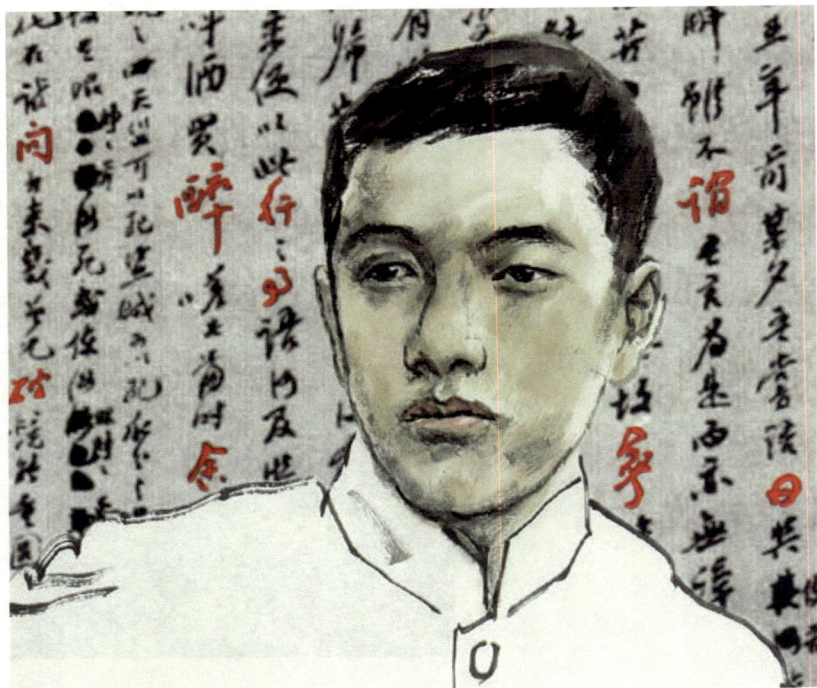

　　其次，在第五段中，有一个字出现得很频繁——"死"字，共出现了十几次。即使今天"我"不离你远去，我们俩依旧在一起，但是今日之中国，有太多的灾祸会让我们死去。"天灾可以死，盗贼可以死，瓜分之日可以死，奸官污吏虐民可以死，吾辈处今日之中国，国中无地无时不可以死。"即使今天我们侥幸活下来了，但是未来在这般黑暗的中国之下，我们终有一天也会死掉。而到了那一天，"使吾眼睁睁看汝死，或使汝眼睁睁看吾死，吾能之乎？"如果只能眼睁睁看着对方死去，始终无能为力，这是我更不愿意看到的。此为离去的第二点原因。

　　再者，如果我们侥幸不死，但是在那样一个战乱的中国，"离散不相见"，我们也可能因种种缘由分离。到底是"生离"让人痛苦，还是

"死别"更让人痛苦？那在"我"的答案当中，"生离""较死为苦"，**死别是一了百了、不再抱有念想的确定，生离则是在期待与落空之间无止境地循环**。此为离去的第三点原因。

（三）挂念：如果我死了，她该怎么办

既然下定决心赴死，接下来要思考的就是：如果我死了，她该怎么办？这样的问题，"我们"其实在很多年以前就讨论过："四五年前某夕，吾尝语曰：'与使吾先死也，无宁汝先吾而死。'"

与其让我先死，不如让你先死。在座各位女生，当你听到你的丈夫对你说这样一句话，你作何感想？（一女生答：第一感觉会非常奇怪，难道是巴不得我先死吗？但再仔细一想可能就理解了。如果我先死，那我就要承受他死的悲苦，但如果是我先死的话，那就由他来承受这份悲痛，至少我不用多一份痛苦。）

当然这个问题，也不一定只有这两种选择。（同学们说一起死。）最美好的结局或许是我们俩相濡以沫，安度晚年，长寿而终。刚好就在某一天，我们俩躺在床上，携手一起离开这个世界。这很美好，但求而不得。

所以"我"要向你解释，主要的原因其实有三点：**汝之弱、吾食言、家甚贫**。

首先，还是担心"汝之弱"。弱是两方面的弱，一方面是心理上的，毕竟"我"了解你，你的心理相对是比较脆弱的；另一方面是身体上的，你的身体向来不好。"且以汝之有身也"，这个时候你已经怀有身孕，更怕你受不住。

而事后当陈意映看到林觉民的这封信时，果真悲恸欲绝，当场晕倒，醒来之后，马上就想自杀随夫君而去。但是在公婆极力劝慰之下，最后她还是选择活下去。可是她的身心依旧受到了巨大创伤，当年早产。在

之后两年的时间里一直郁郁寡欢，最终如林觉民所担心的那样，她还是早早地离开了这个世界。

怕她撑不住，还有第二点原因。在六七年以前，"我们"俩之间有过另外一番对谈。"吾之逃家复归"，那一年"我"离开了家，种种原因没来得及告诉你，爸妈也急坏了，你们找了很久，谁也不知道"我"干吗去了。等"我"回来的时候，你哭着跟"我"说，"望今后有远行，必以告妾，妾愿随君行"。希望以后每次远行，"我"都能及时告诉你。"吾亦既许汝矣"，"我"那天也答应你了。但很抱歉今天"我"还是食言了。在这一次离开之前"不能启口……日日呼酒买醉"。因为"我"的内心也很挣扎，到底是说还是不说。最终决定，还是先不说。

此外，还有一个很小的细节，在第五段的末尾，林觉民提到，"吾家后日当甚贫，贫无所苦"。在"我"死后，还会面临什么问题呢？整个家族一定会轰然倒塌。原文说的是"当甚贫"，"当"是一定，"我"太清楚之后家族会遭受的一切。林家原本肯定不是贫苦人家，因为林氏一族在福建当地也算是名门贵族。但是一旦起义失败，家族一定会受到牵连，需要举家搬迁，尽快逃离这个地方。

在五年以前，老师当时出差去福建福州，有幸参观了林觉民的故居。当时我们站在门口，有一件很纳闷的事，故居门口挂着两个牌匾，一块是"林觉民故居"，另一块是"冰心故居"。我们马上上网搜索了一下，冰心和林觉民难道有什么关系吗？事实上他俩没有任何的交集。那为什么这个地方也是冰心故居呢？原来林家宅子搬空之后就卖给了冰心所在的家族，归冰心家族所有，后来冰心住进了林家，这才有了"一座宅院，两位名人"。

而家族的衰败也是林觉民能够设想到的，自己此番行动一旦失败，日后家庭肯定会遭受种种苦难，举家搬迁，乃至流离失所，他也都想到了。这是"怕她撑不住"的第三点原因。

（四）劝慰：怎样能够让她撑得住

那怎样能够让她撑得住？如何让一个失去了丈夫的妻子撑得住，让她有勇气活下去？

林觉民设想的精神支撑可以概括成三点：有牵挂、有幻想、有陪伴。

他首先想到的是什么？是的，孩子，我们还有孩子。如果你不能替自己想想，也要替孩子想想，孩子已经失去了父亲，不能再失去母亲。所以在原文第五段里面，"我"提到两个孩子，第一个孩子是依新，5 岁，转眼成人，"汝其善抚之"，你一定要好好地把他抚养成才。同时，你腹中还有一个孩子，到底是男是女，暂不清楚。"吾疑其女也，女必像汝，吾心甚慰。"这又是一句很美的情话。肚子里的如果是女儿，一定很像你，而"我"一想到女儿很像你，"我"也很欣慰，甚是欢喜。那如果是儿子呢？"则亦教其以父志为志"，希望他能够继承吾志。林觉民在信中反复提及孩子，至少让妻子有所牵挂，不要轻易做出傻事。

再者，如果现实中"我"已经不在了，"我"还希望能够给你留一点超越现实存在的"幻想"。或许我们也可以在以下这些场景中再相见。

第一种场景是鬼，阴间之鬼。"吾平日不信有鬼，今则又望其真有。"向来"我"是不信有鬼的，但今天"我"又很希望是真的有鬼的存在。

除此之外，"今人又言心电感应有道"，还有一种可能就是我们之间会有心灵感应。"吾灵尚依依旁汝也"，我的灵魂也会常伴你左右。"汝不必以无侣悲"，你虽然看不见"我"的"形"，但是相信你一定能感受到"我"的"神"，我们两个人依旧是在一起的。

如果这两种都得不到实现，还有一种常人都能够达到的一种幻想，也就是梦。"汝不能舍吾，其时时于梦中得我乎？"在梦里边，我们一定也能够再见。这一番话当然既是说给妻子听的，也是说给"我"自己听的。如果"我"不能够存在于这现实生活当中，"我"也希望有这样一个另外的世界，让我们能够再相见。

整篇书信还有一个地方很特别，就是这封信的结尾。我们知道，书信一般都是以什么结尾？以落款为结尾。落款包括时间、写信人。那其实到原信中的倒数第二段"辛未三月念六夜四鼓，意洞手书"就可以结尾了。但为什么后面又加上了这一段话？

"家中诸母皆通文，有不解处，望请其指教，当尽吾意为幸。"

当时老师在参观林觉民故居时也有这样的一个困惑，因为故居里面有他这封信的原稿影印件，写在一片方巾上。

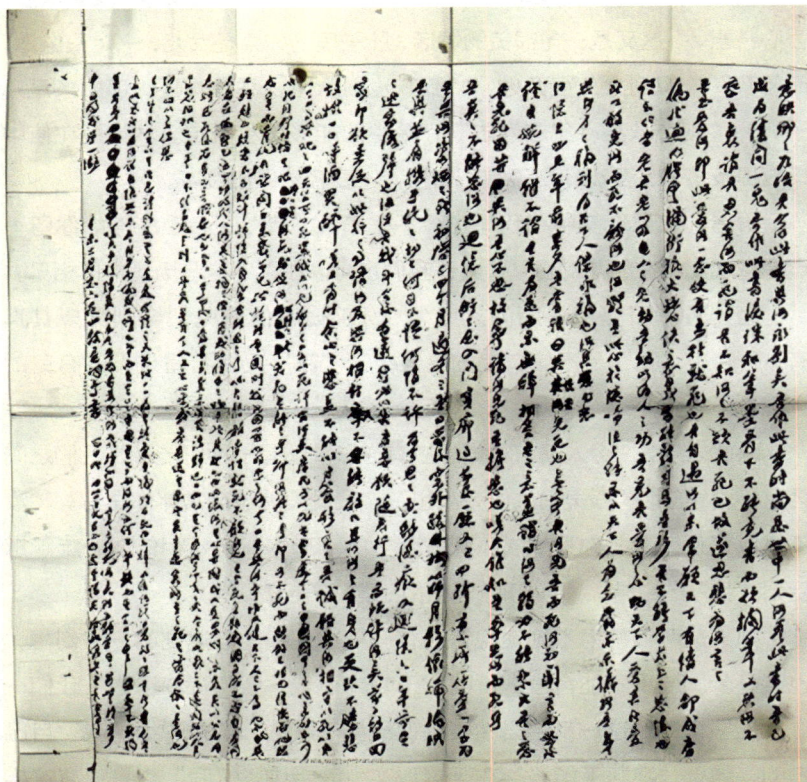

信的原件有两个特点，一个是开头字很大，后面字越来越小，越来越密，因为"我"要说的话太多了，一开始没想到会写这么多，字就写得比较大。"纸短情长"在这一刻得以具象化。再者就是全文最后一句话，很明显是后补的，在最后仅剩的空白部分补上了这么一句。

这一句有这么重要吗？为什么在信写完之后还要再加这一句呢？"家中诸母皆通文，有不解处，望请其指教。"说的是我怕你读不懂，到时记得请教家中这些女性长辈，她们都是通晓文字的，你可以让她们读给你听。

难道妻子陈意映真的读不懂吗？陈意映，同样出身名门，从小学习诗文，也是福州女子师范学堂的首届毕业生。这样知书达理、富有才华的女子，会读不懂这篇文章吗？这篇文章连我们这样的高中生也能读个大概了，所以肯定不是因为她读不懂。

那为什么要补上这句话？或许我们可以这样理解。之前我们也提到，林觉民怕妻子撑不住会干出傻事，在这句话里他特地提起了家中诸多女性长辈，所以或许林觉民是希望妻子千万不要独自忍受这种痛楚，如果你真的忍受不住了，你也记得要跟其他的人多去诉说，我今天给你写的这封信不是只有你能看，也要记得告诉家中长辈我的想法。其实他也是希望家中诸母作为温柔细腻的女性长辈能够多加宽慰、陪伴妻子。最重要的是，一定一定要守住她、看牢她，不希望妻子意映在我死后也随我而去。所以这句话看起来可有可无，**但其实是他最后的温柔与嘱托**。

如何让她能够撑住？有牵挂、有幻想、有陪伴，这是很重要的三种方式。

（五）不渝：我还有没有其他的选择

那最后我们还要问一个问题，对于林觉民来说，他除了赴死牺牲之外，还有没有其他选择？他能不能选择活下来？

当然可以！他出身名门，留学海外，才华横溢，意气风发，24 岁正年轻，父慈母爱，妻贤子孝。在世俗的眼里，这样的人生履历是怎么样的？哇，可太幸福了！人世间常人该有的幸福都有了。但是我们要问的是，他为什么还是头也不回地投身于革命当中？

我们以前设想的那些参与革命斗争的人，可能大多是被这个社会逼得活不下去的那群人，是贫困至极、家破人亡的那群人。但是我们也要知道，在早期的革命当中，也有很多像林觉民这样，本身就是衣食无忧、家庭生活幸福美满的人。而且从这封书信当中，我们很明显感知到，他非常清楚一旦做出这个决定，他和他的家人所面临的后果可能是什么，但是他依旧头也不回地投身于革命。

就像鲁迅先生对于中国青年的那番希冀："愿中国青年都摆脱冷气，只是向上走，不必听自暴自弃者流的话。能做事的做事，能发声的发声。有一分热，发一分光，就令萤火一般，也可以在黑暗里发一点光，不必等候炬火。此后如竟没有炬火：我便是唯一的光。"

这种火光，很有可能马上就被人给掐灭。但不管怎么样，一定得让那把星星之火燃起来，万一日后真的可以燎原呢？历史的进程也告诉我们，**这把火，真的可以燎原**！后来有更多的革命者前赴后继，推翻了封建王朝。这

就是林觉民牺牲的意义。

而林觉民这样的仁人志士，在历史长河中并非孤例。谭嗣同，戊戌六君子之一，他曾说："各国变法，无不从流血而成，今中国未闻有因变法而流血者，此国之所以不昌也。有之，请自嗣同始。"如果一定要有一个人站出来的话，我当仁不让。

再如抗日战争时期革命志士方志敏笔下的《可爱的中国》里有这样一段话："假如我还能生存，那我生存一天，就要为中国呼喊一天；假如我不能生存——死了，我流血的地方，或者我瘗骨的地方，或许会长出一朵可爱的花来，这朵花你们就看作是我的精诚的寄托吧！"希望在此刻，更在于未来。

而在今天我们来学习这样的一篇文章，非常凑巧，但我觉得也非常合适，因为今天恰逢五四青年节。过去两天，一直有同学反反复复问我：

"老师，青年节会不会放不放假啊？能不能放个半天假？"放假的事要不要关心呢？当然要关心，这是我们的现实生活。但是，如果在今天这样的日子里，我们只想到要不要放假，这是很可惜的一件事。因为你要知道为什么设立这样的一个节日，一定是为了让我们不要忘却百年以前那批风华正茂的年轻人。毕竟他们那个时候想的可不是放不放假，不是未来我要做怎样更赚钱的工作，他们想的是国家，是社会，是人民，是怎么去改变这个丑恶的旧世界。

林觉民在这封书信的末尾，这样写道："汝幸而偶我，又何不幸而生今日之中国！吾幸而得汝，又何不幸而生今日之中国！"他认为，对"我们俩"来说是幸运的，"我们"能遇见彼此，但是又是非常不幸的，"我们"生长在 1911 年的中国。

但是此刻的我们是非常幸运的。我们何其有幸，生长在今日之中国！而我们必须要明白的是，**今天一切的美好幸福，定离不开先烈们的伟大付出**。

听众妙评

@小黄今年要谦虚：即使阴阳两隔，你我仍于一个华夏中相爱。

@Telacantoadesso：爱是当我跨过沉沦的一切的时候，你是我的军旗。

@bili_98877326716：听后感受到的是幸福，从某种意义上讲，人生的旅程是孤独的，需要一个人摸索前行。但是能够活在一个人的未来的规划中，能够参与人的一生是何其难得，何其有幸。就像林觉民的妻子一样是多么地幸福。这是从心底深处迸发的感动，在这样一封书信里，我看到的是一个人的柔软的内心，对于家庭家人的无限眷恋与不舍，是怕悲伤淹没自己深爱的人的柔软的存在，同样也是一个人坚定的决心，哪怕前路渺茫，为了国家之明日我仍愿意为之奔赴，带来新的曙光和思想，用自己的行动传达出自己的信仰。回归人海，我们都是点点星火，或照亮前方，抑或被吹灭，但是不必忧伤，不必担忧，因为在孤独的道路上的人们终会在相同的路口相遇，为了心中的理想，并肩同行。

2

"以现实的努力来对抗人生的
虚幻与时间的奔流"

《兰亭集序》课堂一瞬

📖 教学设想

　　一般来说，人在开心幸福的时刻，往往记录下来的也都是幸福瞬间，而《兰亭集序》恰恰相反。明明是如此欢乐盛大的宴会，良辰美景赏心乐事，应有尽有，可是为何王羲之突然陷入对生与死的哲学思考中？而且他的情绪转变速度极快，在短短几百字的文本里，他的情绪一转再转，由"乐也"到"痛哉"最后到"悲夫"。

　　结合当时极其动荡的社会政治背景和王羲之个人的坎坷经历，我们可以发现，死亡带给人的恐惧，并非总是导向及时行乐的悲观，有时反而会激发出更为强烈的创造冲动，以更多现实的努力来抗拒人生的虚幻和时间的奔流。

　　而这种"一死生为虚诞，齐彭殇为妄作"的生死观，对学生来说也有着启发价值，**正因为意识到生命的短暂与不可重复性，才会想着更好地去把握当下，去认真体验仅有一次的人生。**

📺 课堂实录

（一）"仰观宇宙之大，俯察品类之盛"

2022 年，正在国际空间站上执行任务的意大利女航天员萨曼莎·克里斯托福雷蒂，在经过北京上空时，拍下了一张绝美的夜景照片，并配上了《兰亭集序》中的这句"仰观宇宙之大，俯察品类之盛，所以游目骋怀，足以极视听之娱，信可乐也"原文及英文版，发到了其社交媒体上。"信可乐也"被翻译成"this is true happiness"，这是真正的快乐与幸福。

这段话被萨曼莎用来抒发其激动喜悦的心情，确实，此刻因为有良辰美景、赏心乐事，大家抬头可以看到万千宇宙，低头可以看到繁盛的自然万物。想必兰亭集会上的人们都会有类似喜悦的心情。

但为什么到了原文第三、四段，作者会有如此大的一个情绪反差？

正常来说，写这样的一篇诗集序，肯定是高高兴兴的，因为大家难得相聚，各展文采，最后让"我"写一个序，那"我"肯定要好好夸一夸"我"的这些好朋友，夸一夸他们的诗作文笔之华丽、思想之精深。但是大家发现王羲之最后写的是什么？是死亡，想到了眼下的一切美好终将逝去。

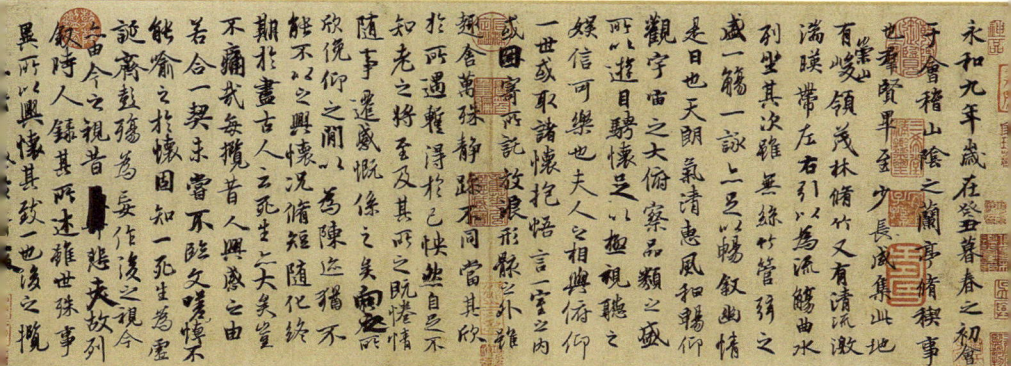

图为《兰亭集序》神龙摹本，藏于故宫博物院。

上页图是《兰亭集序》的书法摹本。老师如果在这幅书法中间画一条线，你有没有发现什么特别的地方？

我们会发现书法的前半部分少有涂改，后半部分涂改特别多，也可以说是错别字特别多。这是为什么？（生1：难不成是换人了！）换人了？历史上还真的有类似说法，像郭沫若就是典型代表。1965年，郭沫若在《文物》杂志上发表了一篇题为《由王谢墓志的出土论到兰亭序的真伪》的论文，他认为《兰亭集序》中的后半部文字，兴感无端，书法也不符合王羲之的一贯风格，应该是后人伪作。

当然，郭沫若的这种说法也引起了很大的争议。如果我们现在认为这幅作品就是王羲之一个人写的，大家思考一下为什么后半部分会有这么多涂改？可能是什么原因造成的？（生2：可能是喝醉了，丧失理智。）有道理，意识不清难免就会写错。当然也可能是酒后吐真言，此刻越写内心越激动，把很多深埋心中的想法写了出来。

尤其有三个表示情绪的字，我们需要特别关注。一开始是"乐"，中间是"痛"，最后是"悲"。这三个字，我们把它放大看看，你发现什么不同没有？

乐，是三个字里最清楚的。痛，很明显他原来写的并不是痛，底下还覆盖着一个字。经过学者们的考证，他们发现底下覆盖的应该是一个"哀"字。也就是说，此时王羲之觉得光用"哀"还不足表达内心情绪，一定要用"痛"。第三句他原先写的也不是"悲夫"，是"亦可悲也"。我们可以试着读读看，其实会发现"悲夫"的情绪要强烈得多。这说明越到后面他的情绪越来越沉重，觉得"亦可悲也"的表达力度也还不够。

到底王羲之在"痛"什么？又在"悲"什么？

（二）"夫人之相与，俯仰一世"

"俯仰"一词，在前文出现过——"仰观宇宙之大，俯察品类之盛"。这两个"俯仰"放在这里，就产生了很强烈的对比。前文所说的"俯仰"，表达的是在今天这样美好的时刻，抬头可以看到万千宇宙，低头可以看到繁盛的自然万物，一切都让人觉得刚刚好，难得自在开心。但是这里的"俯仰"是什么意思？一抬头、一低头之间，一辈子就过去了，在人和人的交集中，倏忽之间，人生恍然逝去，万分短暂。

在电影《星际穿越》中，有类似设定。电影中的米勒星球，时间流逝的速度是太空一小时、人间过七年。所以当男主在太空只是经历了五六个小时，人间已经过去了数十年。在他出发之前，他的女儿还很小，再次见面的时候，女儿已经成为和他差不多大的中年人了。不久之后女儿再次出现时，已经白发苍苍了。这也让他突然意识到，生命是极其短暂的。

而王羲之对生命短暂易逝的认知，或许跟他小时候的一些经历有关。在《世说新语》里曾记载这样一个故事。

王右军年减十岁时，大将军甚爱之，恒置帐中眠。大将军尝先出，右军犹未起。须臾，钱凤入，屏人论事，都忘右军在帐中，便言逆节之谋。

右军觉，既闻所论，知无活理，乃剔吐污头面被褥，诈孰眠。敦论事造半，方意右军未起，相与大惊曰："不得不除之！"及开帐，乃见吐唾从横，信其实孰眠，于是得全。

王羲之小时候不太爱说话，不是那种巧言善辩的人，所以大家并没有觉得他有什么特别的地方。快十岁的时候，大将军也就是他的叔父王敦，很喜欢他这个侄子，经常让他在自己的帐里睡觉。有一次大将军先出去外面讨论事情，而王羲之还没有醒来。过了一会儿，钱凤（副将）进来，两人屏退其他人讨论事，都忘了王羲之还在帐里，便说起密谋造反的事情。而王羲之这时恰好醒了，他听到了全过程，内心非常恐慌，因为他知道如果让两个人发现自己在里边听到了造反细节，一定会杀人灭口。

那这时我们不妨设身处地一下，如果你是王羲之，你会怎么办？（生1答：先下手为强。同学笑。）一个十岁小孩子对抗两个大将军，那肯定是杀不掉的。（生2答：赶紧跑。）或许跑不了，帐里边也没窗，根本跑不了。那王羲之最后的选择是什么呢？他装睡，但他装睡的方式是什么？"右军觉，既闻所论，知无活理，乃剔吐污头面被褥"。用手抠嘴，让自己不断地吐口水，吐得满脸都是，满被子都是，再假装自己睡得很熟。这是一件极其考验心理素质的事。

"敦论事造半，方意右军未起，相与大惊曰：'不得不除之！'"叔父意识到事情可能败露，必须除掉王羲之。等到他们打开帐子，看到王羲之周边到处都是口水，也就相信他还在熟睡，于是王羲之的性命得以保全。

这个事情常被后人用来夸赞王羲之的机智聪明，但其实如果我们代入王羲之的视角，会发现十岁的小孩子，此刻正在经历人生中的生死危急时刻，这真的是一件非常令人恐慌害怕的事。**只要稍有差错，他可能就一命呜呼，这世上也不会再有"书圣"**。

而此事或许也给他埋下了关于生死的一种推论。死亡的阴影在他心中悄然生根，却并未催生出颓废的欢愉，而是孕育出一种近乎倔强的创造力。他渐渐明白，对抗生命短暂的方式不是放纵，而是以更炽热的姿态投入创造，在时光的奔流中刻下自己的印记。

当我们一想到人生是有限的，不必陷入恐惧之中，而应想着如何更好地去把握当下、活在当下，更认真地对待每一天，同那些我所爱的人、爱我的那些人，能更好地相处在一起。因为我们都知道，每个人最终都会"终期于尽"。

我们承认生命的有限性，但也**希望在有限的生命当中去寻求无限的价值**，让生命过得更有意义。

（三）"后之览者，亦将有感于斯文"

这句话的意思是"后世的读者，也将对这次集会的诗文有所感慨"。这句话的强大魅力究竟在于何处？这是一场穿越时空的对话，这句话就是说给在座的各位听的。千百年以前的王羲之，他早就预料到了，以后一定会有人读他这篇文章，这是一种自信与自得，而且他万分笃定的是，一定会有人跟他的想法是一样的。这是他对自己的一个预言，**一个越过千年历史风尘，今已成真的预言**。

🗨 听众妙评

@ 单糖低盐："后之览者，亦将有感于斯文"。太自信了，他坚信对时间流逝、世事无常的感受，从古至今都是一样的，经过千百年，自己写的文章依然流传，并能获得共鸣。想想自己，每次写东西，总是想到：真的会有人读吗？我写的有什么价值？会有人记住我吗？相比之下，除了哲学的光辉，我更感受到了一种自信的色彩。更进一步，他坚信自己探索的是人之共性，也坚信自己的所作所为足以青史留名。

@ 正在 B612 看日落：我们不是生命的评论家，而是它的体验者。体验最重要的不是结果，而是整个过程给予你的意义。不论是否留名青史，是否被人理解，对个人而言，这都是独一无二的经历，正是对生活的体验和回忆，区别了我与他人的生活。财富、名望、记载，终究只是他人得出的定性，只有自己知道自己的不安或快乐，究竟给我的人生怎样的影响。我们都有一张自己人生的单程票，期待的是演绎自己的故事，悲欢离合，舞蹈歌唱……谁也不会盼望表演结束的一刻。

3

"人生天地间，
忽如远行客"

《短歌行》课堂一瞬

📖 教学设想

　　对于十五六岁的中学生而言，他们很少触及"生死"这一话题，然而，这类议题在教材中却屡见不鲜，《短歌行》也不例外。在解读此诗时，我们都会关注到曹操"求贤若渴"的急切心态。

　　然而，深入剖析这首诗，不难发现，真正驱动曹操此刻迫切求贤的缘由，实为他对生命短暂、时光易逝的深切忧虑。正是他深刻体悟到"人生几何""去日苦多"的无奈，才更加渴望迅速广揽贤才，以期早日实现一统天下的宏伟抱负。

　　在教学过程中，我着重剖析"朝露"这一意象的独特意蕴，并将其与《古诗十九首》中的类似意象相联系，引导学生体会"人生短暂"这一主题，从而激发学生的思考与共鸣。

课堂实录

　　各位同学，你们是否曾经深入思考过"我们的人生究竟有多长"这一问题？在大家现在这个年纪，很少有人会去考虑此类问题，因为对于在座十五六岁的各位而言，思考生死似乎为时尚早。大家总觉得我的人生应该还很漫长。

　　曹操对于人生却有一个形象的比喻——"譬如朝露"。何为"朝露"？清晨的露水。清晨的露水又有何特性？并非因其晶莹剔透，而是因为太阳一旦升起，露水便会迅速蒸发。有人会说这样的比喻未免过于夸张，人又不是朝生暮死的蜉蝣。可是人的一生几十年，**短短三万天，置于历史长河的维度，也不过是弹指一挥**，有如露水，转瞬即逝。所以，曹操在此强调的是生命的短暂与易逝。

　　往事越千年。此类议题在东汉前后屡见不鲜，或许是因为那时战乱频仍，社会动荡，汉末文人对于生命的短暂更有深切的体会。

例如《古诗十九首》中便有大量诗篇探讨人生苦短的主题。其中有一句："人生天地间，忽如远行客。"这句诗传达了古人对生命的真实感受。人生长在天地之间，宛如一位匆匆的旅人。旅人有何特点？他或许在外奔波，匆忙而行，又匆匆而归，不属于任何地方。换言之，天地亦非他的归宿，对他而言，他似乎只是一个过客。我们每个人，无论寿命长短，都只能在世间暂住，因此，**这天地并非我们永久的归属，而只是暂时的客居之所**。

许多同学在之前的随笔中也提到过，进入高中后，他们逐渐意识到，儿时的伙伴、初中的同学，随着时间的流逝和距离的拉远，似乎也成了生命中的过客。我们似乎只能与他人共度一段时间，没有人能够永远陪伴我们。无论是朋友、同学、老师，还是父母等家人，没有人能够始终伴随我们左右。因此，从这个角度来看，这些人对你而言，也都是生命中的匆匆过客，难以长久地陪伴你。

与此相似，在《古诗十九首》中还有这样一句诗，"人生寄一世，奄忽若飙尘"。它说的是人生在天地之间，如同寄居于世的一粒微尘。奄忽若飙尘，指的是奔跑时或马匹疾驰时扬起的尘土，风一吹便消散无踪。生命亦是如此，或因天灾，或起人祸，我们无法确定明天和意外哪个会先到来。而这正是"奄忽若飙尘"的真实写照，生命消逝之快，令人唏嘘。

◉ 听众妙评

@久世由纪：语文课是为数不多能让我精神放松的时刻，人文精神的内核远在课本之外。而如今在离家很远的地方上大学，每当一个人吃饭的时候，总会想起那句"人生无根蒂，飘如陌上尘"。

　　@曹萌德瞒可爱：想起了李白的那句："夫天地者，万物之逆旅也；光阴者，百代之过客也。"

　　@陈饱饱等等萝卜糕：我们该如何在这转瞬即逝的人生中，既不断求索真理，又能在屡遭苦难挫败后，依然保有追求美好的勇气？

4

"精神不灭，物质永存，
人类共我"

《赤壁赋》课堂一瞬

教学设想

　　本节课的教学点选择源自我个人在阅读"自其不变者而观之，则物与我皆无尽也"一句时产生的疑惑。"物"的无尽容易理解，但"我"身为凡尘之躯，如何才能无尽？

　　教师不是全知全能的存在，有时我们真诚袒露自己的困惑，反而会激起学生更为热烈的头脑风暴，当他们发现老师都想不明白的问题自己能够揣摩一二，这无疑会极大增强学生的探索欲与自信心。因此，课上我先提出了自己的这一困惑，同学们给出了许多丰富而深刻的回答，让我也深受启发。我自己则是结合电影《寻梦环游记》中对死亡三种形态的诠释，引导学生们进一步思考"无尽"的多种可能性，从而拓宽了他们对生死观念的理解。

📺 课堂实录

"自其不变者而观之，则物与我皆无尽也。"

当我们从不变的角度审视世界时，会发现万物与自我均是无尽的。该怎么理解这句话？自然万物无尽是容易理解的，但为什么"我"也可以是无尽的？

我们不妨先来看看电影《寻梦环游记》中的类似表达。这部电影其实是借动画的形式探讨了关于死亡的三种形态。人的第一次死亡，是生理上的终结，即大脑停止运作，心脏停止跳动。第二次死亡，是社会层面的死亡，即葬礼结束，标志着个体社会关系的终止。而第三次死亡，是电影中最为关键的设定，**即当世界上最后一个记得你的人遗忘你的时候，没有人再记得你的时候，你将真正地死亡。**

关于"物我无尽"的第一种解释是"精神不灭"。有人认为，只要他们的文章、精神能够被后世传承，他们便能一直存活下去。但在这里我们需要考虑两个问题。首先，苏轼是否能预见到他的作品能流传千年，被后人所知？苏轼自己尚且能做到，但像我们这样的普通人又是否都能做到？其次，若以"精神不灭"为标准，似乎又对自我提出了极高的要求，这将意味着你一定要努力写出很多漂亮的文章，一定要留下很多精彩的思想，你才能够一直存活下去。这是否又不那么符合苏轼品性中"道"的一面？

第二种解释"物质永存"。有人从唯物主义和物理变化的视角出发，认为个体无论怎样消亡，都会腐烂分解，再分解为分子、原子，最终被自然界世间万物再吸收再循环。只要存在于地球上，个体便永远处于循环之中。这种"物质永存"的观点肯定也具有一定的合理性。当然，我们不确定的是，当时的苏轼是否能提前料想到自己会作为"分子"在自然界中不断循环（生笑）。

第三种解释"人类共我"。或许我们不应将"我"视为个体独立的

"我"，而应从更广阔的人类视角去理解。史铁生在《我与地坛》中曾有类似见解。他在书中这样写道：

"当牵牛花初开的时节，葬礼的号角就已吹响。但是太阳，他每时每刻都是夕阳也都是旭日。当他熄灭着走下山去收尽苍凉残照之际，正是他在另一面燃烧着爬上山巅布散烈烈朝辉之时。那一天，我也将沉静着走下山去，扶着我的拐杖。有一天，在某一处山洼里，势必会跑上来一个欢蹦的孩子，抱着他的玩具。当然，那不是我。但是，那不是我吗？"

这里的"我"早已超越个体范畴，而是从人类整体的角度去理解，个体的"我"虽然消逝，但还有无数的"我"正在迎来新生。这与《赤壁赋》前文提到的"河流"意象类似，"逝者如斯，而未尝往也"。从整条河流的角度来看，它始终在流动不息、从未停歇，但从每一滴水的角度来看，这滴水一旦蒸发或流走便不复存在。所以当我们站在人类漫漫的历史长河中去理解，**一个人死去，另一人在同一时间新生**，这便有了一种前仆后继的感觉。因此，从这个角度来说，物与我亦皆是无尽也。

至于哪一种理解是绝对正确的，这并不重要。重要的是，我们能从这些观点中加深对生死的理解，这就足够了。

听众妙评

@廿来因心：我在学这篇文章的时候感受到了深刻的哲理，但是却没有能讨论的人。《赤壁赋》给我个人的感觉就像是我看过当年明月的一段采访："我一个人，我在读书，这是一种狂喜，我在慢慢地掌握这个世界的规律。"我突然就知道了，我活着要干什么了。来这人间走一遭，总要知道自己在这个世界处于什么样的位置，总要知道自己活在一个什么样的地方吧！我不能懵懵懂懂地来也懵懵懂懂地走吧。

@南南南故故故：一想到人类不断繁衍生生不息，几百年后几千年后会有人跟我感同身受，他们也能体会我此刻的喜怒哀乐，就好像我从未死去。

5

"我们都曾是花一下午看蚂蚁搬家、等石头开花的小孩"

《我与地坛》课堂一瞬

📖 教学设想

这是我工作后第三次上《我与地坛》，依旧感到非常困难，无论如何设计都有种割裂感，无法找到合适的抓手去串起整篇文章，反而把文章原有的感动肢解得支离破碎。

因为不希望出现"学生听了老师上这篇课文反而更讨厌这篇课文"的情况，所以最后还是选择放弃 PPT，少有地只用 Word 呈现原文，与同学们一起一字一句读下来，读到特别有感触的地方，我们就停下来一起聊一聊，这样反而自在不少。

我们看到了史铁生对生活极其敏锐的观察，无论是花花草草还是那些小昆虫，残疾的身躯与命运的不公，反而让他更加留心生活本身。这节课也引起了大家对校园里小生命的强烈关注，那段时间里，不断有同学和我分享他在校园里饭后散步时惊喜的发现。

我们看到了史铁生对人生努力意义的思考：努力出人头地的意义是否在于让父母感到骄傲自豪？课上我再结合歌星费玉清的亲笔信，引发了学生对自己努力读书意义的思考。

我们也看到了母亲对史铁生无声的关怀与爱意。可能父母都希望孩子能出人头地，但前提是孩子能够拥有健康的身心与热爱生活的勇气。或许这才是最重要的。

📺 课堂实录

（一）看蚂蚁搬家的小孩：留心体察周遭的一切

作者在此文中提及的小昆虫，如蜜蜂、蚂蚁、瓢虫等，在我们生活中都极其常见。然而，**似乎正因它们的常见与普遍，我们习惯了对其视而不见**，这些小生命的存在并未引起我们的注意。就好像我们已经在高中校园里度过了数月时光，但又有多少人曾真正留心细致地观察过校园的一草一木？我们可能会想学校有什么可看的，大家都已习惯了教室、食堂、宿舍三点一线的生活，很少会留意到校园里的自然万物。

老师曾经也是如此，每天困于繁忙工作，对校园中与人"无关"的一切视若无睹。然而，正是受史铁生启发，在某年的春分日，我决定仔细观察学校周遭的细节。我拿起相机，拍摄了校园中我所能观察到的一切小动物和植物，并将这些影像制作成视频，在班里和同学们分享。

在这次临时起意的探寻中我发现了一些之前从未留意过的动植物，譬如酢浆草、通泉草、三色堇、蔓长春花，还有李花、紫荆、栾树、杜英、早熟禾、附地菜等，以及穿梭林间的松鼠、草坪上小憩的蝴蝶、湖中成群结队的鸭鹅、傲立枝头的乌鸫与叽叽喳喳的小麻雀，还有一些叫不出名字的鸟儿。

有同学看完说："这真是我们的学校吗？我好像从没见过这些。"这表明我们对周围环境的观察确实有所欠缺，而这正是**因为我们对周围生活的敏锐觉察与感知在不断丧失**，那些动人的瞬间才不断离我们而去。

史铁生正是通过放慢时间的流逝，观察到了许多常人难以察觉的细节。比如说他对这些小昆虫们的形容，"蜂儿如一朵小雾，稳稳地停在半空"。小雾，非常形象，如同筋斗云一样，悬浮在半空。"蚂蚁摇头晃脑捋着触须，猛然间想透了什么，转身疾行而去。"蚂蚁本身已很微小，它的触须就更小了，摇头晃脑地捋着触须，可爱又传神。同学可能会好奇，这么微小的细节我们真的能看到吗？

不妨回想一下小时候的我们，那会儿似乎更能静下心来，花一整个下午坐在台阶上观察蚂蚁们搬来搬去走来走去，但现在反而不太会，很多人想到的是"哎呀，踩一脚吧"或者"用打火机给它烧一下吧"。当然也有人常怀悲悯之心。曾经我看到有位男同学在乘坐校车时，突然大声提醒周围的人不要动。他蹲下，小心翼翼地将一只小蚂蚁从地上拨弄到手中，再轻轻地放到车外。那一刻，我仿佛看到了一位"僧人"在悉心照料着一个微小的生命，这让我对他瞬间肃然起敬。

"瓢虫爬得不耐烦了，累了，祈祷一回便支开翅膀。"什么叫祈祷一回？其实它是在搓手，看着有点像双手合十在祈祷，因为爬得不耐烦了，暂时的休息停留看着像是闭目祈祷。"露水在草叶上滚动，聚集，压弯了草叶，轰然坠地，摔开万道金光。"我们会发现作者的形容是非常有画面感的。本来就是一滴露水从叶子滴到了地上，啪嗒一下，没了。这是我们的形容，但在作者的观察里边是非常有生命力的——"摔开万道金光"。就像这个园子初看时是非常荒芜的、颓丧的，但是当作者深入其中仔细观察，发现满是草木竞相生长弄出的响动，这就是"生命力"。所以他得出了一个结论：园子荒芜，但并不衰败。

此刻他也联想到自己的生命，"我"的生命是否因为残疾就丧失生活的意义？并不会，亦如微小的昆虫也有其生活价值，"我"也有"我"的自得其乐所在，用心感知平常生活中这些微小的瞬间都是生活的意义所在。

（二）一封告别信：当成功的喜悦再也无人可分享

"我"陷入迷茫，不断在思考"我"的写作动机到底是什么，当时的"我"得出一个答案，即希望能让母亲感到些许欣慰。然而，这不应成为唯一的动力。若仅以此为动力，当母亲离世后，努力的意义又将何在？当"我"真正地用写作闯出一条路，原词用得也很好——"碰撞"开一条路，这条路并不是那么好走的，是用尽全力碰撞出来的。母亲却忽然"熬"不住了，一个"熬"字说明过去的日子对母亲来说确实非常痛苦。起初，他深感遗憾，为何母亲在他尚未成名、尚未真正走出一条道路时，便于 49 岁匆匆离世。但后来，他转念认为，或许是上帝不忍她继续受苦，让她早些解脱。这样的想法使他内心得到了慰藉。

用尽全力碰撞开的一条路却无人分享喜悦，这种情绪让老师想起之前在网上看到的一封信。2019 年，著名歌星费玉清举办了巡回演唱会，并决定在巡回演唱会之后结束自己的演艺生涯。在最后一场演唱会结束后，他对外发表了一封手写公开信，感谢了所有歌迷，并表达了他退出演艺圈的决定。他坦诚地写道："因为有您的支持与爱护，我才能一路走来顺遂，能有今天的费玉清，都是各位赐予我的，能以兴趣作为工作，我是多么的幸福与幸运。这么多年来，为了达到更高的境界，我一直快步向前，却也忽略了欣赏沿途的风景；当父母亲都去世后，我顿失了人生的归属，**没有了他们的关注与分享，绚丽的舞台让我感到更孤独，掌声也填补不了我的失落**，去到任何演出的地点都让我触景伤情，我知道是我该停下来的时候了，停下来我才能学习从容的品味人生。"[*]

这封信真实地反映了他当时的想法。要知道，从聚光灯下退隐并非易事，而他选择在事业的辉煌时刻淡出公众视野，这实属难得。这么多年过去了，他确实做到了，我们再也没有在任何场合看到他的公开露面。对他而言，最难以接受的是，在父母离世后，人生失去了最重要的可以分享和关注的对象。同时，他也意识到，多年来的快节奏生活让他忽略了身边的人和事。所以他想选择在离开舞台之后过着更加云淡风轻的日子，无牵无挂，莳花弄草，寄情于大自然，但使愿无违。这也是一种选择。这番话揭示了一个很真实的道理：当我们取得成就时，总希望能和至亲之人分享，否则，即使成就再大，若无人关注，内心难免会感到落寞。对史铁生来说，此刻的情绪是极其相似的。

（三）最初的愿景：一生只愿平凡快乐

在母亲离世之后，史铁生才意识到母亲所承受的苦难与她的伟大，这些感受在他心中愈发深刻。多年后，又是这样的一个白昼，当他再次来到地坛，却突然意识到一切都已改变，母亲真的已经不在了。所以他不断地想，从白天到傍晚再到黑夜，他意识到母亲再也不会像往常一样来到这个园子找他。这一刻他的心中难免落寞。

[*] 引用自费玉清的公开信原文，未做修改。——编辑注

若干年后，当他终于在报刊上用纸笔碰撞开一条路时，他发现这条道路并非母亲最初所期望他闯出的那条路。有时他就在想，年年月月我都到这园子里来，年年月月我都要想，到底那条路是什么。如果不是通过写作成名这条路，那又会是什么呢？最简单的答案，应该是让他能够好好地活下去。

这种感受，相信许多父母都有过类似的体验。并非所有父母都期望孩子一定要成名成才，以后一定要考清华北大，一定要赚大钱做大官，并不是的。我相信，绝大多数父母最初的愿景都很简单，就是希望孩子能一直健康快乐地活下去。包括我自己，此刻深有体会。我的孩子最近刚刚出生，我每天的愿望也很简单，只希望他能吃好、睡好、拉好（同学笑）。拉好很重要，特别是最近他一直便秘，正常情况下一天拉一次，但有时会延长到三天一次。到了第三天如果仍未排便，我就会感到非常焦虑。因为当他排便困难时，他会显得很痛苦，脸涨得通红，然后大哭。在那一刻，你会觉得其他一切都无关紧要，最重要的是他能健康地成长，平安地度过一生。我相信各位同学的父母在你们小时候肯定也有过类似的愿景。

然而，当你们到了小学阶段，情况就不同了。幼儿园时期可能没有太多压力，但小学开始就有了成绩要求和排名比较。这时，你会意识到父母对你的期望不再只是"健康活着"那么简单。网络上有很多视频，展示了家长在辅导孩子作业时的情绪崩溃，他们有的是打孩子，有的是伤害自己，甚至用头撞墙。再到孩子中考、高考、找工作、结婚、生子等，慢慢地父母对你产生更多期待，那时绝大多数父母的要求可能就完全不一样了，再也不是一开始的"你只要健康平安"就行，**因为人总是"贪婪"**，总是希望孩子能够拥有更多，享受更多。

但正因如此，史铁生笔下的母亲形象才愈发令人感动。她从未对史铁生施加压力，因为她自始至终对史铁生没有说过一定要怎样怎样。她从未说过这样的话，只希望他能好好活着，这是最简单也是最长久的愿望。

🎧 听众妙评

@浠唐后主：在满园弥漫的令人沉浸的光芒中，一个人更容易看到时间，并看到自己的身影。当我们愿意放慢脚步，留些空间给沉静与思考，认真聆听生活的启示，也许会看到另一处柳暗花明。

@青春大概__yw21：

有一天大雾弥漫

世界缩小到只剩了园中的一棵老树

有一天春光浩荡

草地上的野花铺铺展展开得让人心惊

有一天漫天飞雪

园中堆银砌玉

有如一座晶莹的迷宫

有一天大雨滂沱

忽而云开

太阳轰轰烈烈

满天满地都是它的威光

6

"十六岁眼里的死亡"

《在马克思墓前的讲话》课后作业之悼词选

📖 教学设想

每一届上到这篇《在马克思墓前的讲话》时，我都会让学生写一篇悼词。既是为了让学生更好地熟悉悼词的基本结构，也是为了让学生换个视角审视自己的人生。

具体要求是站在他人的视角来给自己写一份悼词，可以讲述你的工作、生活经历，让人印象深刻的若干个瞬间，希望他人会怎样评价你，以及向家属表示慰问、寄托哀思等。

因为怕部分同学忌讳，所以是选做作业，但每次其实绝大多数同学都还是会选择该项作业。我将收上来的同学作品按照不同时间、场景、职业等分门别类，再在课上匿名分享。

很多同学在悼词中体现出来的，对死亡独特、深邃、诗意的思考，更是让人感动。**思考死亡的意义不在于选择如何"死"，最终目的还是**

要回归"生"本身，让自己不断地去反思当下。更重要的是，让自己意识到：活着本身是一件值得庆贺的事情。

📝 **学生作品**

（一）关于时间

◆ 2023 年 6 月 1 日晚，这本该是一个值得庆祝的儿童节，但我们敬爱的周先生却没能度过这一天。他死前没给我们留下些什么，除了那一大堆尚未完工的作业与满是 F 的英语听写本。

◆ 2038 年 6 月 21 日深夜，这一次，徐警官没能战胜黑暗。但我们都相信，她的乐观、开朗和崇高，一定会让她去的那个世界不再黑暗。

◆ 2077 年 7 月 7 日下午，我的外婆永远睡着了，外婆在她最喜欢的数字 7 中离开，**那天久违地没有烈阳高照，而恰有一阵凉风袭来。**

◆ 2095 年 9 月 5 日，夏末时节，暑气未消，她坐在秋千上，脸上挂着微笑。9 月 5 日，是她最钟情的日子，好像在这一天，发生什么事都无法让她难过。

◆ 2253 年 12 月 29 日，史上最长寿的老人失去呼吸，永远化成了雕像。

◆ 3006 年春天，我最亲爱的朋友，永远地离开了我。

◆今天是四月一日，愚人节，真希望她只是像往常一样与我们开了个玩笑。但她这次似乎是认真的。

◆四月五日的深夜十一时一刻，在距离她的生日不到一小时的时间，我们把她留在房间里不过五分钟，当我们拿着蛋糕再回来时，她已经永远地离开了。

◆他最喜欢三毛的《梦里花落知多少》，九月二十三日，江城的花落了，梦也就醒了。

◆如果有一天我要离开这个世界，我愿意那天是春节，**因为在那时的举国欢庆也许会使人们暂时遗忘我的离开，使爱我的人们不那么悲伤。**

（二）关于场景

◆她曾对我们说，死后将她的骨灰撒向门前的小溪，她会自己努力游向大海，再随着水蒸气去天上找玉帝斗地主。我想，玉帝见了一个如此有趣的人，也会喜上眉梢的吧。

◆你曾说死后不愿葬在公墓。因为那人多嘈杂，不得安宁。希望能把你的骨灰撒在树下，化作尘土。我调侃你咋死后还装什么无私？你笑了，这不过是自私，想独守一方净土。大树底下凉快些。

◆风，带来时间与故事的种子，**人之在世，犹如泡影，随风而散，亦乘风遨游。**现在，风起了，你也且随风去。

◆世界那么大，我们尚有网罗牵绊，故还在世，而她心中已无杂念，看着世俗的美满，终可放心离去。她最爱热烈、娇艳的玫瑰，在自己亲手种满玫瑰的花园里，安然离去，亦化成我们记忆中那朵永生的玫瑰花。

◆叮——恭喜 L 小姐完成了在该世界的全部主线任务及其副本！若是来日看到转世燕还故椽，定是她为你衔来二月的花。

◆她最爱的花是洋桔梗，星星点点的蓝是她最爱的颜色。她曾和好友开玩笑，谁若想到送她洋桔梗，她就同他在一起。（当然，她不会早恋！！！）……彼时四月，此日无云，她定会看见墓前被太阳光洗礼的洋桔梗正蓝得发光。

◆她生前是轻松快意的，走时也甚是安详。此前，她曾悄悄附在我耳旁，告诉我："葬礼啊，一定得是个欢乐热闹的庆典！"这是她的一个离经叛道的小愿望。

◆今天的葬礼布置是按她的心愿来的，两旁种满了碎冰蓝和粉白的玫瑰。墓前放了和她等大的小熊，怀里放着我们写给她的信，桌上放着几瓶香槟和红酒。让我们一起度过最后盛大的夜晚。

◆让我们相聚在此，庆祝 S 小姐顺利逃离地球。她是一切矛盾的集合体，她在上课睡过觉，晚读聊天被扣过分，考过年级前几的好成绩，和曾经的好友闹掰过，拿过许多奖，挨过许多骂，她记得妈妈做的鸡腿味道，记得草稿纸上不同的演算笔迹，记得痛经时水杯里的温度，记得门口的花香……**这地球太小，像座环行的孤岛，谁会在这终老？我更愿追随彗星漂流。**

◆当我们最后一次看到他时，他脸贴着地，失去了思考。当时他正开着自己喜欢的劳斯莱斯兜风，一晃，转角一个老人突然出现，他为了避让，赶紧转死方向盘，毫无意外，他撞在了护栏上，他也跟安全带一起飞了出去，他的头撞开玻璃重重地摔在了地上。多么完美的人啊！真的是天妒英才。

◆她曾说好喜欢春天，不冷不热，万物都如此温柔。上帝亦喜爱她，为她挑选了一个温暖的春日来与我们告别。**死亡对她来说，是一场伟大的冒险。**

◆我记得他曾说过，"我很喜欢枫叶，只可惜，**枫叶红时总是多别离**"。

◆她喜欢晴天的太阳，喜欢晒过一天太阳后被子里太阳的味道，喜欢包裹在阳光中温暖的感觉，喜欢太阳把她晒得脸颊红红，她向阳生长，同时也温暖着身边的每一个人。

◆几乎不下雪的南方小镇，今晚却飘落片片白雪，这是她最爱的冬季，她却在日暮时分，随着夕阳，一起沉落下了地平线。

◆今日，气象阴沉，万物悲鸣。W 大师已经离我们而去，但天空中却射出一道七彩虹芒。这对他来说，是死亡，亦是新生。

◆只要不忘记，我就一直存在；或你可以当作我已离去，变成 B613 行星守护着你。

◆她死在一个安静的夜晚，窗外是暗灰色的天空。旁边是万里松柏，是奔腾大海。**她将倚在这山巅，静听明月私语，海涛闲话**。

◆那一刻，他变成了光。

◆如果日后想起她就找找天上的月亮，她会努力变成月亮。因为星星太多了，她知道她爱的人找不到她会很难过，但不管你们走多久，只要回头，就会知道月亮永远在身后，她永远在身边。

◆如果你不经意想到了他，就做个深呼吸吧，空气里飘浮着他的气息。

（三）关于身份
（爱人视角）

◆她曾对我说，如果我这一生能谈一段轰轰烈烈的恋爱，有个能无话不说的朋友，能为自己的理想奋斗，尝过生活的苦与甜，看过日出日落，看过大海，见过潮汐，那便够了。

◆杨小姐是我的挚爱，她热烈而张扬，大方又不失细心，她与我一生中见过的许多女孩都不一样。她热爱艺术，而我是孤独的旅行者，于是我们约定一同环游这个世界，她画下沿途的美好，我拍下一路的风景。可是，她最终还是食言了。她说这世间纷纷扰扰，山河平静辽阔，无一点贪嗔痴爱，而我们匆匆忙忙，都还在路上，她想在这个世界留下一点痕迹，这是她存在过的证明。

◆合眼之时，他劝我莫伤悲，他先去为我探路。相逢一场，人间来这一趟，已知足万分。

◆她是自由惯了的，同风一般，风去哪儿，她向哪儿，相伴数十年，我也总是由着她的性子，嗬——毕竟风嘛，是拦不住的……那天下午，我仍摆了两个人的碗筷，烧着两个人的饭，这丫头，连离开也像恶作剧。毕竟风嘛，是拦不住的。她只是追风去了。

◆在那个有些炎热的午后，她坐在沙发上，安详地睡着了。当时她正倚靠在我的肩上，我们一起细数儿女的点滴细节，我们笑着回忆，末了她说她有些困倦，在我的怀里幸福地睡去……我和她是在校园里相遇的，她微笑着走过来，如同一盏烛光，轻易地点亮了我的人生，从搭上的第一句话，到第一次牵手，一切的一切，犹如沙子中的明珠一般美好珍贵。

◆相遇时，她腼腆的笑容，把我的心都融化了；她坐在书桌旁静静地翻动着书页，阳光洒在她的碎发上，我觉得那是世界上最美的一幅画了。

◆这人喜欢偷拍，还美其名曰为艺术抓拍，拍了我快一万张照片，没一张能看的。你们说要不是我，他会不会单身一辈子呢？

◆他一生平淡，唯有事业、父母与我。

◆"等我不见了，赶快去找了好的人，我可不愿你变成寡妇。"那个混蛋跟我每天讲。

◆他常说幸好她先于他离开，否则，他无法想象如果他先走了，她会有多难受。

◆她的敏感与多疑让她的婚姻并不十分美满，她一直未遇良人，但就像她自己所说："我更愿意做一朵云，随心地做自己的事，守着那些甜品那些花，爱着爱我的每一个人。"

◆他表白时说过："你像我的小太阳，能让我做你的小行星吗？"而现在我的小行星陨落了，我的心也跟着死了。

◆虽然她没有自己的家庭，没有丈夫，也没有孩子，但她活得肆意洒脱。她的前半生活得刻苦而又努力，努力成为父母眼中的好孩子，老师眼中的好学生。但她庆幸在她暮年之前，能将足迹遍布世界，活成了自己想活的样子。她既满足了世俗对她的期待，也活出了自己的价值。她的一生最终也归为平庸。

◆夕阳斜碎，一架钢琴，一把吉他，没有既定的琴谱，随心而奏便是最好的和弦。她说，她最喜欢在午后这样静静听我弹唱，于是我为她唱了一年又一年。再见了，小乖。感谢能够参与你这不平庸的一生。最后，我只想说，复活吧！我的爱人！

（孩子视角）

◆奶奶曾说她的人生就像电脑系统里的文件夹，单一平淡的色彩。但细细地搜寻，也晕染着不同的风采。是这样的，她是一个矛盾的个体，她的人生怎能太过单调呢。

◆母亲高中选了理科，却有一颗罗曼蒂克的心。她时常对我说道，**人活在这世上，最重要的是活着，其次是让自己感受到自己活着的意义**，大胆享受生活，别被束缚住了。

◆父亲对我的爱，一直都深藏于生活的点滴之中。每天晚上，父亲都会先看着我入睡，然后再去睡觉，有时半夜还会起来，帮我盖上滑落的被子。

◆她工作努力，可以不用在自己想要的东西里二选一，她旅行了五十多个国家，沿途摘了许多花。她以自己年少的想法为基础，培养了两个健康快乐的孩子。

（好友视角）

◆自打熙熙攘攘之中我与他相识，在年少轻狂的时分各奔东西，互诉着来日方长的言语泪洒土地。多少个星夜与路边摊，我吞吐苦胆，他耐心劝说或逗我笑，不得不说，他实在会察言观色。他是百川归海的一股劲流，我只是获得他点滴的恩泽。

◆他早就同我说过死后的事，他要我将他的木盒子埋在故乡的红枫树下，当各位对他的思念送达时，"就让落红一片两片向我问好吧！"他说。

◆在我眼里，她的形象常在大人和小孩之间来回跳跃，但我希望，**她能永远做个小孩。**

◆当我察觉到这一刻的不对劲，立马站起身，用脑袋蹭蹭主人的小腿，汪汪地呼唤着她，她却不再像往常一样揉揉我的脑袋，抓抓我的下巴，我知道，她永远地睡着了。

（四）关于细节

◆她给人的印象总是高冷，不好相处，但是时间久了以后发现她其实是一个搞笑女。但在此我还是要澄清一下，她就是很高冷，毕竟她说"要把裤子装进冰箱里"做一个"冷裤"的人。

◆她是一个很暴躁的人，会因为写不出题目而暴跳如雷，也会因为把西瓜汁误洒在衣服上而大喊大叫。事实上，你经常能看到她大声叫嚷，无论是喜悦还是愤怒。我和她在一起的许多时光，她都在发呆，所以我只好看她发呆。记得上次她带我去吹风，我们一句话都没说，就是静静感受微风轻拂脸颊，感受湖面微皱，繁星点点。

◆她很挑食，不吃葱姜蒜，不吃洋葱青豆黄豆，也不吃胡萝卜豆腐和包菜。有次我们一起吃馄饨，她挑了整整十分钟的葱。我甚至怀疑她人生有限的耐心都放在了挑食上。

◆他总是向我抱怨事事不顺心，年年不太平，可他又每天都是乐呵呵的，和别人有说有笑，根本没个正经样。有的事，他认准了，就会像是茅坑里的一块石头，又臭又硬，不听劝。天塌了我顶着，山崩了也是我顶着，他倒是一年到头乐得清闲。可有时，也挺想他的，真的，真的。

◆我记忆里的她最爱喝黑泷堂的四喜丸子奶绿，五分甜，不加冰。可惜再难看到她跑几条街只为了那杯奶茶而跑得气喘吁吁的身影了。

◆或许因为淋过了雨，她才更明白别人需要一把伞。她喜欢撑伞在夏天的雨里听歌，喜欢在冬天的被窝里蜷缩，喜欢吃冰冰甜甜的东西，但却很克制。她喜欢生活里的小确幸，或许这样，我和她成为挚友。

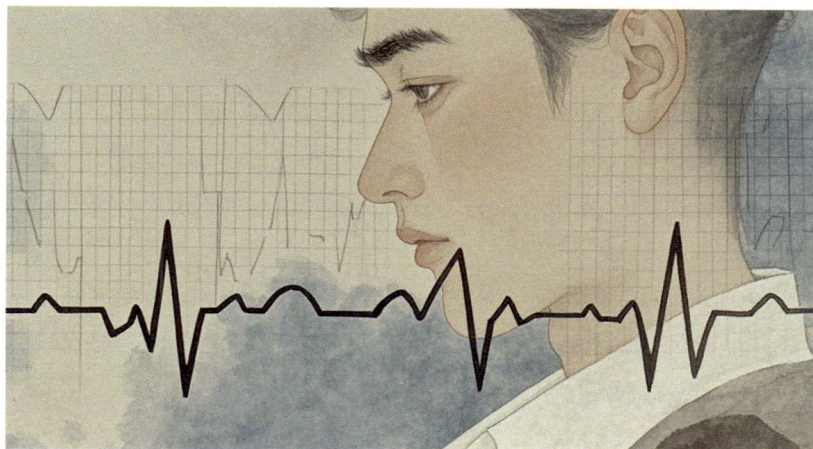

◆ 10 岁那年，他身边站着一群同龄的孩子，他们看到他和一个女生关系很好，就起哄道"嫁给他！嫁给他！嫁给他！"。82 岁那年，他躺在病床上，心电图也已显示为一条没有波动的线，他的表情很平静，好像还带有一丝微笑。他似乎梦见了少时的场景，那个声音再次萦绕在他的耳边，"嫁给他！嫁给他！嫁给他！"。

（五）关于职业

◆早已年迈的他却仍致力于科研，写下《如何突破空间限制实现传送》《如何突破光速，看见过去》《如何利用生物电感应，实现意念合一》。可惜，这一切还只是存在于他的理论之中。在他的遗物中还发现了一个字迹不清的纸团，上面写着"我受到了召唤，我必须回应，一如既往……"。

◆他是一名军医，看着那些肢体残缺的战士们从他眼前经过时，他总是眼含热泪，这激发他更忘我地投身工作。

◆她说：**"我讲了一辈子的唐时月、宋时酒，却还是回答不了唐时月有多明，宋时酒有多醉人。"**她是我见过最特别的女性，终其一生未有婚配，未育一子，却将年华尽数奉献给了她遇到的学生们。她总是慢慢的，慢慢地走路、吃饭，慢慢地讲课、解惑。她喜欢笑，笑着去了另一个世界，去看她的盛唐雅宋。

◆他将一生都付于考古，在满地的尘埃中追寻历史的余烬，在断井颓垣中遥听西风的残响，在默默无名中谱写旧日的序章。唯有的遗憾是未曾亲眼见证秦始皇陵出土之日。但他也甚是宽慰，想到能够陪它一起，寄人间朝暮。

◆他从死神手里抢下了许多人，但当自己成为狩猎目标时，却无能为力。他说他的骨灰要撒在山里，他想与故乡的土地融为一体，风吹日晒，朝夕不离，仅此而已。

◆战场不葬懦弱之人，历史也从来只记载胜者，或许黄泉之下，他亦身披沙甲，伫立远方。

◆他说这一辈子，为其他人打了太多场官司，唯独轮到自己与阎王爷打官司时，却败诉了。他自比历史长河之浮萍，不问来路，不问归期。

◆本次直播内容将以 VR 格式发布在 X 先生的个人空间中，下一位逝者将于 30 分钟后举办葬礼。现在，让我们欣赏 X 先生的生前影像。（《Minecraft》游戏欢乐时刻 308 期于直播间播放。）

◆他是一个很普通的人，忠厚老实，却又索然无趣。

◆一路走来，无数镜头上演，浓缩成张张胶片。影片结束，主角以优雅的姿态鞠躬、谢幕。

◆渐渐地，他发现自己真正喜欢的，正是父母不愿让他成为的、那种平凡的简单的普通人，也许沦落为普通人是他意志不够坚定，但成为这种人就是他心甘情愿。

◆我不是什么圣人，也算不上什么大坏蛋，请平等对待我，也请你平等对待身边的每一个人。

（六）关于情绪

◆你发誓不再过那样枯燥、循规蹈矩的生活，要多做些为青春而疯狂的事。独自一人，为了多彩的生活而生活，依自己想法而过。你活得一定很累吧！自己的理念在世俗与现实的冲击下往往烟消云散。怀揣热忱却当上小职员，在朝九晚五安稳的节奏中过着平凡人的生活。你很难过吧，可那没有办法，闯出这条急流的人，又有多少？

◆死亡对你来说不过是另一场旅途的开始，生死不过是花开花落。总能在下一次花开之时找到那朵相似的花。来年花开时，我是否又能与你再一次高谈阔论？

◆若真有灵魂一说，那我一定一定要跳脱出这阴冷的盒子，跳脱出这像是设定好程序一般的人生，再去感受世界温热多彩。

◆我不想把她定义成什么样的人，她就是她。我也曾记得她说过的那句话，"无所谓周遭如何，一定要快乐地活着"。

◆死后一切都像是虚影，就觉得现在的每一天都好值得期待！请过好她不能拥有的每一天。

◆纵观 W 小姐的一生，不说做出多少贡献，至少也给在座的各位带来过或多或少的欢愉和温暖。包括在她弥留之际，还自愿拨出一点钱款交了电费，才使今天来参加葬礼的各位在炎炎夏日吹上空调。

◆虽未实现她梦想中的大富大贵，但她也知足常乐，工作之余吃喝玩乐，游山玩水，偶尔还能接济落魄的朋友。她立志尝遍天下美食，赏遍天下美景，倒也完成了不少。她热衷于深夜独酌，却又只爱浅尝几口。她常于深夜失眠，这一次，不再会了。

◆有人祝他万事顺意，可到头来是处处碰壁。无论是狂风骤雨，还是鲜花掌声，他都照单全收。现在他累了，那就让他睡一会儿吧。

◆他想着做个好人，可最终还是一事无成。他厌恶这个世界让他存在，可又感谢这个世界让他栖身多年。

◆她常相信，普通玩家有普通玩家存在的意义，王者玩家有王者玩家的天赋。我希望，这一次，在远方无边的浩瀚中，她可以走位顺利，体味、展现王者玩家的风范。

◆每天相见，总是一句 Hello，这也不知是他何时而起的习惯，却也成了他几十年如一日的坚持。

◆最后，有一份哥哥要求放送的录音，请大家听一下："Hello，有人在吗？下面好黑哦，有人吗？嘿！我听见了，果然有人，哎，别不说话啊，放我出去，好吗？我在这儿待了挺久时间的，所以人呢？我知道你还没走。那好吧，我在这儿也挺不错的，就是黑了点，我就待这儿了，各位，保重！"

◆虽然她日常中木讷，不爱讲话，但她会尽量向他人去释放自己的善意，并在大家有需要时静静付出，看到他人突破了，为他由衷地高兴。

或许你们中有人并不十分了解她，但她记得你们。

◆他总是那么坦然，上公交哪怕赶时间也不会和别人拼命挤，玩游戏也从不追求最强，哪怕我们朋友笑骂他最菜的时候。一直未考过第一，初中高中也都没能上市里最好的学校，读着中庸的书，过着中庸的人生。

◆叠字，从六岁开始到离开，叠字像在注解着她像孩子一般的人生。因为她喜欢笑，尤其是大笑。她经常莫名其妙地迸出笑来。

◆**我从尘埃中来，又再次归于尘土**。不必奢求太多，善良，才是最深刻的主题。

🗨 听众妙评

@未至荼靡：标题让我想到余秀华的诗句——"死亡是一枚沉重而干净的果实，我们吃下去，医治太多活着的病症。"这项作业真的好像《超脱》里的一个场景，我觉得这才是语文教育的意义。

@Ed汪：现在是凌晨两点，习惯性失眠，加上不太习惯的意外发生，我又一次在深夜辗转难眠。打开B站，就看到熟悉的老师，一看视频标题，便毫不犹豫地点了进来。想起来当年老师你也让我们写悼词，当时让我印象最深刻的是某位同学的这句悼词："如果可以，我希望我的葬礼是在早晨，这样不会让爱我的人在深夜难以入眠。"当时只觉得，是哪个同学啊，这么细腻。文字能体现一个人的性格、心理状态等等，虽然没有见过视频中的同学们，但看完视频，那个年龄特有的温暖、憧憬、思考、迷茫等等都扑面而来，甚是怀念。很爱听你们的笑声！小乖们，祝你们一帆风顺，健康快乐！也提醒自己铭记视频片尾的那句话：活着本身就是一种幸运了。对了，今年我签了人体器官自愿捐献协议。直面死，是为了更好地生。晚安小乖们，晚安！

第三章

爱与被爱

"爱与被爱"，皆为幸福模样。

《氓》让人懂得唯有先爱自己，方能不易迷失于情感旋涡；

《江城子》定格寻常片刻，让人体味生死相隔后的眷恋；

《夜雨寄北》以含蓄笔触，于巴山夜雨的遥想中倾诉思念；

《静女》巧用落差、反差，勾勒出纯真俏皮的爱意萌动；

《青花瓷》借"比兴"手法，于自然物象里隐匿爱的情思；

《涉江采芙蓉》转换多重叙述视角，将满心期许与失落怅惘交织；

学生对家长的采访，让情感更深一步，挖掘出亲人心底的故事。

①

"当我真正开始爱自己，
我才懂得爱为何物"

《诗经·氓》课堂一瞬

📖 教学设想

　　《氓》所讲的故事，很多人将它粗暴地概括成"要学会远离渣男""早恋不得善终"之类的说法。而这样的概括其实是将这篇经典作品狭隘化了。

　　造成这段感情悲剧的，不仅仅是"渣男"这么简单。在女子叙述感情的来龙去脉时，我们能感受到女子在这段感情中的自我反思，一个"耽"字点出她的深陷其中、难以自拔，而**唯有意识到爱自己为先，才有可能实现真正的自我成长**。当然，还有一个重要的因素是当时的社会对女性无来由的非议与谴责，也是在提醒我们，赏析经典文本时需要关注到更为宏大的时代和社会背景。

　　课上通过让学生表演、还原故事场景的方式，充分调动起学生的阅读兴趣和对文本细节的关注。学生在表演过程中，有时会省略或者理解

113

错部分细节，教师可以根据文本细读修正。当然，学生也会设计出意想不到的情节，比如他们在最后一幕场景中，呈现出来的女子形象更加决绝，反抗斗争也更直接，虽然有些不合常理，但也更符合学生快意恩仇的心理期待。

📺 课堂实录

（一）失去自我

当主人公卫女写下这首诗的时候，她已经知道了这个故事的结局。所以，她是带着相对"全知全能"的后来者视角来回忆或者说反思整个相恋、相知直至决绝的过程的。

"氓之蚩蚩，抱布贸丝。"首先她想起的场景是"氓"在她记忆里的一贯模样——"蚩蚩"，何为"蚩蚩"？课文的注解是"忠厚老实的样子"。这里有两种可能。第一种，氓的性格伪装性很强，只是看起来忠厚老实，后面深入接触后，才发现他的性格恰恰相反，完全是厚颜无耻。第二种，人性始终是复杂的、多变的。他可能一开始确实是忠厚老实、富有亲和力的，他并没有伪装，卫女相信他一开始的真诚。只是后面历经种种后，他还是变了，变成了她最讨厌的模样。

"匪来贸丝，来即我谋。"他笑嘻嘻地来到店里，拿着布来换丝，真正的目的是来和我商量婚事，说明我们之前已经有了一段时间的接触，即将步入婚姻。

"送子涉淇，至于顿丘。"她坚持要送他离开，一直送，送到了淇水边。正常来说，送到河边就可以道别了，但她还是要继续送他。什么是"涉淇"？是坐船走的，还是过桥走的？都不是。下图左上角为"涉"字甲骨文字形。

　　涉，三点水加个步，跋山涉水，其字源字形就是脚印蹚过河流。所以"涉淇"是徒步过淇水的意思。此刻，我们还有很多话没有讲完，这般依依不舍，即使眼前有条河，我也想继续送你。送到河的对岸就分别吗？还没有，"至于顿丘"，又走了好长好长的一段路，一直到顿丘这个地方。

　　"匪我愆期，子无良媒。"终于要分开了，但在走之前他们又再次谈论起婚期的事情。在这个关键问题上，两人再次产生矛盾。

这里的对话肯定有省略。试想一下，在女子说"匪我愆期"之前，男子可能会问什么呢？他可能会问："我们什么时候结婚？明明原来约定好日子，为什么现在又要继续往后拖延？"女子很冷静、很客观地告诉他，不是我有意拖延，而是因为"子无良媒"。难道媒人这么重要吗？在那时，媒人到底起着怎样的作用呢？

在《诗经·南山》中，曾提到"取妻如之何？必告父母"，一定得先跟父母讲清楚。"取妻如之何？匪媒不得"，一定得有媒人。

```
纳采  →  问名  →  纳吉
                    ↓
亲迎  ←  请期  ←  纳征
```

在《仪礼》当中也曾记载，两个人在结婚之前必须经历六道程序。第一步是纳采，指的是由男方委托一个媒人，到女方家里提亲。第二步是问名，提完亲之后由媒人再去问女方的姓名。第三步是纳吉，媒人将女子的名字取回后，男方要在祖庙进行占卜，确定吉凶。第四步是纳征，或称纳币，也就是下聘礼，男方通过媒人把聘礼送给女方家。第五步是请期，双方商量约定好婚期。最后一步才是亲迎，男方上门娶亲。

而这六步几乎都需要男方聘请的媒人来做中间人。如果没有媒人的话，整个嫁娶程序就无法正常推进。这样看来，如果婚期推迟了，谁是主要的过错方？一定在于男方没有做好。本来应该是男方感觉到内疚，男方得想办法去及时弥补、安慰女方。

"将子无怒，秋以为期。"这里又有省略。在女子说出"将子无怒"之前，肯定是男子先发火了，这一刻你就会发现，他性格的另一面就暴露出来了，他其实没有那么忠厚，他是非常易怒、情绪化的。前一秒钟还跟你笑嘻嘻，后一秒钟就生气了。而在男子生气后，先内疚的竟然是女子。"将子无怒"，"将"是"请"，"子"是古代对男子的尊称，可以翻译成"您"，请您不要生气，我们就约定在秋天成婚。某种意义上，这就是一种 PUA（"PUA"指的是在一段关系中一方通过言语打压、行为否定、精神打压的方式对另一方进行情感操纵和精神控制），明明是男方有错在先，但是男方以一种情绪化的姿态来使女方感到内疚，让女方感觉是她做错了事、说错了话。

"乘彼垝垣，以望复关。"她每天都登上残破的矮墙去看复关城墙，但看的并非城墙，而是城墙上何时能出现她要等的那个人。此刻她的情绪已经被完全牵着走。"不见复关，泣涕涟涟。既见复关，载笑载言。"若是没有看见他的出现，她的眼泪就吧嗒吧嗒往下流，若是看见了他，瞬间喜笑颜开，这时她已经完全丧失自我。

此刻当她再次回忆起当初的场景，才深刻意识到她确实深陷其中，起初并没有发现问题。而到了后面，随着她的叙述越来越冷静，对氓的人称也开始发生变化。从"子"转变成"尔"。如"尔卜尔筮""以尔车来"等。"尔"对应的是"你"，相对比较中性。再往后，人称再次更改，大量出现的是"士"，如"无与士耽、士之耽兮、士贰其行、士也罔极"等。"士"对应的翻译是整个男性群体，变成更大的泛称，由此女子的思考也越发冷静清晰，开始从社会群体的角度思考造成这段感情悲剧的原因（为深化理解，教学过程中设计了由学生演绎的后三段场景表演，下页图为场景截图）。

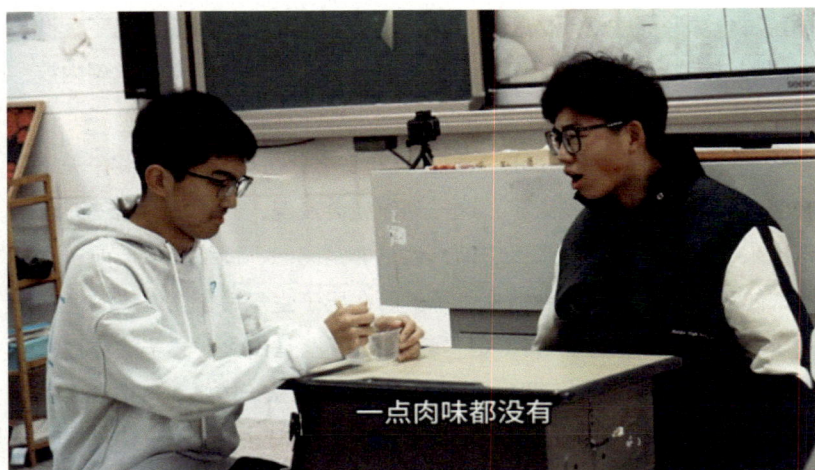

一点肉味都没有

（二）重寻自我

家中丈夫出轨（士贰其行）、家暴（至于暴矣）、好吃懒做（靡室劳矣）、一无是处，但放在当时那样的社会背景，尤其考虑到女性普遍的弱势处境，一般女子可能会选择怎么做？

要么就是忍气吞声，得过且过，也不跟他闹翻，就这样日子勉强过下去；要么就是独自黯然神伤，隐姓埋名，悄悄离开这个让人伤心的地方，从此不再出现在熟人视野当中；要么就是自怨自艾，饮恨自尽，受不了这一切，选择离开人世。当然老师没有想到的第四种可能性，是同学今天所演绎的，选择"拔刀相向，展开复仇"。

诗中反复出现了一个特别的意象——"淇水"，这条淇水出现在诗中不同的三个位置，我们可以设想一下，**如果这条河是有颜色的，这三次它分别对应什么颜色**？

第一次，"送子涉淇，至于顿丘"，送心上人渡过淇水的时候，那会儿正是热恋期，而且马上就要结婚，淇水可能是什么颜色？同学说彩色的、粉红色的。确实，兴许是冒着粉红色的泡泡，特别浪漫甜蜜。

第二次，"淇水汤汤，渐车帷裳"。这次女子是坐着车走的，再次渡过了淇水。当她被丈夫这般对待之后，她选择独自回娘家，当她从河的这岸走回对岸，这时候的河水可能是什么颜色？或许是一片黑暗。

淇水打湿了车的帷帐，一如我的泪水浸湿衣裳。同样是这条河，却已物是人非。当初经过这条河的时候，是多么幸福快乐，现在回去的时候就是多么沮丧落寞。哪怕回到娘家，她所感受到的并非家人的温暖关怀，反而是来自兄弟的冷嘲热讽（兄弟不知，咥其笑矣）。这无疑更是加剧了她的痛苦。但是她没有沉浸在这种黑暗痛苦里面，最后她想到的是什么？

第三次，"淇则有岸，隰则有泮"。她想到的是，淇水滔滔终究是有边界的，眼下发生的一切也都是可以有边界的，我不应该因为一段失败的感情一直无休止地沉沦下去，我需要尽快地走出来。如果此刻的淇水有颜色，我们相信那应当是海阔天空的一片湛蓝。

最后她做出的选择是什么呢？和前面我们提到的四种选择都不一样——"反是不思，亦已焉哉！"此刻的她果敢坚决，选择跟过往划清界限。这是古代女子中很少有的一股勇气，不怨天不尤人，只想头也不回地往前走去，**向前看**，去迎接属于自己的全新生活。

我们可以对比一下，在现代的一些歌曲里面，其呈现出来的爱情观念有时反而不如《氓》，它们把原因归咎于受害的女方自身，而《氓》所蕴含的思想内核无疑更为先进。女主人公并未一味自我否定，而是大声坚定地宣告"反是不思，亦已焉哉"，即女性是可以相对独立的，一个人也可以继续很好地活下去。

同时更让人钦佩的是，我们知道《诗经》在古代是被人民不断传唱的。而对古代女子来说，她如果选择这般公开宣示自己的感情经历的话，带来的后果可能是什么？想必她受到的外界非议会更多。就像朱熹在《诗集传》中所说的那样："此淫妇为人所弃，而自叙其事以道其悔恨之意也……故其见弃而归，亦不为兄弟所恤，理固有必然者。"可能社会上的很多人都和朱熹一样，认为女子才是那个犯错的人，是淫妇，是罪人，理应受到谴责。

而女子最终选择把事情的前因后果写出来，更重要的意义在于，鼓励后世有类似经历的女子。如果很不幸你也碰到了这样的人，你千万不要去 PUA 自己，不要陷入内耗，不要难过沉沦。要学会冷静地看待这段感情经历，学会自我排解，未来还有无限的可能等待着自己。**这才是真正的"因为自己淋过雨，所以总想替别人撑把伞"**。

昨天是三八妇女节。为什么会有这样一个节日？这个节日强调的是女性的独立性。妇女节创立者之一克拉拉·蔡特金（左图为她肖像）曾经说过："作为一个妇女，她既不依附于某一个人——自己的丈夫，也不依附于在道德上结合在一起的小单位——家庭，更不从属于榨取剩余价值的资本和统治阶级的剥削。"女性首先必须是她完整的个体，这也正是设立妇女节的重要意义。同样，男女之间也要尽可能追求这样的感情关系：平等、独立、尊重和真诚。

就像我们很熟悉的现代诗人舒婷在《致橡树》当中所说的这种感情关系，不是谁在依附谁，而是

"我们分担寒潮、风雷、霹雳；

我们共享雾霭、流岚、虹霓。

仿佛永远分离，却又终身相依。

这才是伟大的爱情……"

听众妙评

@六月春兽：高一《静女》教给你爱情诞生的美好，高二《氓》教给你爱情消失的残酷。

@Reach呀：老师的课堂好治愈啊，最近分手了总在想自己哪里不好，但实际上并没有做错什么，就算什么都没有做错，对方不喜欢了还是会被抛弃。我要坚信自己是一个很棒的人，我值得更好的！

@鲜炸好盆友佐以桂花酒：我想到了一个更可怕的点，"兄弟不知，咥其笑矣"。到底是不知道还是不想知道，或者说知道了装不知道？结了婚之后再怎么样也不可能不和家人通信吧？也总有见面的时候吧？看到自己的姐妹容颜苍老、满脸疲倦的样子，是个人应该都知道她过得不好，缘何会"不知"呢？有没有一种可能，文中女主的兄弟也和她的丈夫是同样的人，他们也在求娶的时候深情款款，然后"言既遂矣，至于暴矣"？（而且男主暴戾的性子早就埋下了伏笔，"将子无怒，秋以为期"。回头看女主的劝慰，分明就是在暗示我们男子已经发怒。）正因为他们都是同样的人，所以他们才会对自己的姐妹的悲惨遭遇视而不见？他们都是同样的，将女性当作附属物，而非当作一生挚爱、互相扶持的妻子？

2

"往事回首，
只道当时寻常"

《江城子·乙卯正月二十日夜记梦》课堂一瞬

📖 教学设想

　　这篇教学片段的切入点是尝试还原"小轩窗、正梳妆"的独特之处。以填空的形式选择梦中重逢的场景，大多数同学会选择那些有特殊意义的时刻，但苏轼并不是，梦到的就是很寻常的时刻。

　　当然，有人可能会说，词中的场景毕竟是梦，并不是苏轼主动选择的结果，但我们说梦往往是现实愿望的达成。梦境某种意义上也算是苏轼潜意识选择的结果。

　　那些看似寻常之景、无心之词，其实是日思夜想的必然结果。

　　还原以后，是想象。想象两人时隔多年再次重逢后的场景，"镜子"的出现就很重要。当梦境与现实交织，镜中与镜外错位，重逢的心绪也就变得更加怅然。

课堂实录

"夜来幽梦忽还乡"，时隔多年，苏轼终于在梦中见到了心心念念的那个她。如果让同学们来选择梦中再次相见的场景，你们会选择哪个场景？

同学们挑选了很多场景：有苏轼和妻子初次遇见的场景；有热闹喜庆的洞房花烛夜；有过往一起散步郊游的场景；还有选择妻子离世时苏轼紧握其双手的场景，希望能有机会把那些没说完的话再说完。

那我们再看苏轼在这首词中，他写的是哪个场景？"小轩窗，正梳妆"。这个场景又有何特别之处？

首先，虽然只有六个字，但画面感极强。这个场景发生的时间很特别，在早晨。一个人从梦中醒来时往往模糊懵懂，一时之间难分虚实。当苏轼一睁开眼，看到过去十年每天都可以看到的熟悉场景：清晨，天微微亮，窗外鸟鸣幽幽，她总是先于他起床，一个人坐在窗边静静地梳洗打扮。阳光照在窗边，打在她的发梢之上，特别美好静谧的一幕。

此刻他很难区分这到底是现实还是梦境，是回忆还是往生。这一刻反而格外真实。

其次，请思考一下此时苏轼可能是在哪个位置看着妻子？大概率是醒来躺在床上，他就这样静静地看着她，仿佛时间凝固一般。

但我们注意衔接的下一句词，"相顾无言，惟有泪千行"。那这一幕又是发生在哪个位置？是苏轼躺在床上，妻子一回头，两人四目相对吗？同学们说不是，这一幕肯定是苏轼站起来了。那站起来之后，两个人就对视了吗？还没有，还少了关键的一步。

"小轩窗，正梳妆。"有一样东西一定会出现，就是镜子。对着镜子正梳洗打扮的妻子，第一眼看到的应是镜中的苏轼。苏轼也是如此，他看到的一定也是镜中的妻子。

"镜花水月梦中尘"，**镜与梦，本来就都是虚幻，镜中镜，梦中梦，镜中有梦，梦中有镜**。

多重叠加后的虚幻，无疑让梦与现实更隔了一层，也让梦变得更难以确信。她或许先愣了一下，镜中这个 40 岁左右的中年男子究竟是谁？再回头看的时候，马上就认出来了，所以才有了下一句"相顾无言，惟有泪千行"。

尽管苏轼想的是"纵使相逢应不识，尘满面，鬓如霜"，"我"以为时隔多年之后，依旧年轻的你一定会认不出年华老去、"面目全非"的"我"。但是当我们四目相对的那一刻，我们就已经彼此知晓，"你"就是"我"心中最难以忘怀的所爱之人。

如果把这一幕拍成电影，有些拙劣的导演可能会怎么拍？夫妻二人十年没见，终于见面，是不是要抱头痛哭、互诉衷肠？这样情绪宣泄外显的方式并不一定好。相反，此刻"相顾无言，惟有泪千行"这般平静的画面，反而更让人感动。

🗨 听众妙评

　　@玄赟赟：这节课的解读让我体会到苏轼梦中梦的状态，魂牵梦绕的人出现在面前，似真似幻。喜极而泣，而在从梦境与现实的混沌中清醒时，爱人如烟，随风而逝。独守空房，肠断松冈。正如弗洛伊德所言，梦是愿望的达成。可见苏轼在生活中，对亡妻日夜思念。

　　@Joeselyn：初次读《江城子》的时候，正是读到"小轩窗，正梳妆"时，眼泪夺眶而出。脑海中一下涌起了那个画面：晨光轻落的妆台前，青丝滑落肩头，她挽起头发的手微微顿住，像是感应到什么一般转过头来。那边的妻子仍是年轻的脸庞，彼时，我已白发苍苍。

3

"只字未提想念，
字字皆是想念"

《夜雨寄北》课堂一瞬

📖 教学设想

　　这首诗并非高中教材里的篇目，只是在讲解月考卷中纳兰性德的《一络索》时，因为涉及"时空转换"的写作手法，我便联想到学生们早已耳熟能详的李商隐的《夜雨寄北》，并将二者进行联系讲解。

　　从讲题的角度而言，这种有意识引导学生迁移已学作品知识的方式，不仅能帮助学生更好地理解当下的题目，还能让他们在不同的年龄阶段，对过往所学诗文产生更深刻、更独特的理解。

　　许多人在初读《夜雨寄北》这首诗时，并未产生太多感触。然而随着年龄增长，尤其是在经历离别、情绪万般低落时，往往会愈发喜爱这首诗。诗中三重时空的转换，常常能够抚慰人们当下的落寞哀愁。对同学们而言亦是如此，"何当共剪西窗烛，却话巴山夜雨时"。**相信时间会让当下难以割舍的遗憾变成未来值得笑谈的回忆**。这样想来，离别也没有那么可怕。

🖥 课堂实录

李商隐的《夜雨寄北》，带有典型的"时空转换"特征。一首诗，28个字，带来过去、现在、未来三重时空的转换。关于这首诗，可以有两种理解角度。

（一）温暖明亮向

第一句"君问归期未有期"，这个"君"究竟指谁？有多种说法，有人说是他的好友，有人说是他的妻子。既然诗中没有明说，我们先不急着去下结论，但至少有一点是可以确定的，就是这个人对李商隐来说应该是生命中非常重要的一个人。当对方问"我"什么时候会回来，"我"也不知道什么时候能回来。以前古人在外漂泊，确实会有很多不确定因素，譬如路途的艰险、疾病的侵袭、前程的迷茫。一想到这儿，"我"的情绪就变得很落寞伤心。

但是"我"没有很直白地去表达此刻的愁绪。相反，这里用了一句景物描写——"巴山夜雨涨秋池"，这是属于诗的写法。就像是电影里的"空镜头"，突然场景从室内切换到窗外。深夜下了一场秋雨，而秋雨又往往是小雨，淅淅沥沥、点点滴滴。这场雨下了很久，久到让池塘的水不经意间慢慢地往上涨。"涨秋池"的过程，恰恰也是此刻心境的体现，有如孤独的情绪不停地往上涌来。这个夜晚，难过与失落包围了"我"。

但是很快，就出现了非常迅速的情绪转变。虽然此刻窗外是黑暗阴冷的，彼此的情绪是低落伤心的，但是"我"突然想到未来那样一个温暖明亮的瞬间——"何当共剪西窗烛，却话巴山夜雨时"。有一天我们一定会再见面，那时我们就可以和今天一样，一同共剪窗烛，好让烛火再次明亮，我们能够继续深夜畅谈，在某个欢聚时刻，一起回首此刻的"巴山夜雨"。

对"未来"而言，"现在"也成了"过去"。

在这一刻，作者巧妙地把现在、过去、未来三者统一起来，这是这首诗最妙的一个地方。当我们正处在人生低落时刻，不妨试着把时间线拉远拉长，眼下的苦难终将过去。

就像普希金的那首小诗《假如生活欺骗了你》，诗中最后写道："不要悲伤，不要心急，忧郁的日子里需要镇静，相信吧，快乐的日子将会来临……一切都是瞬息，一切都将会过去，而那过去了的，就会成为亲切的怀恋。"此刻可能是你人生当中的至暗时刻，但是等到多年以后再回过头来看这个时刻，会发现其实也没什么大不了。

这让我想起之前改同学随笔，有同学提到这样一个场景，和这首诗很契合。他提到有一次周末，他和一群许久未见的初中好友再次见面，大家玩得很开心，聊了很多话，一起吃饭、一起唱歌、一起打游戏。但他在最开心的时刻，突然心中就升起一丝落寞，因为他想到这份开心马上就会因分别而结束了。这时不妨让我们想想这句"何当共剪西窗烛，却话巴山夜雨时"。当我们一想到未来有一天会再重逢，再次回看当下，那些分别时的难受落寞，反而会随着时间的流逝越发温暖明亮。

（二）昏暗无助向

此外，对这首诗的解读还有另外一种截然不同的版本。如果说第一种理解是温暖明亮的，第二种理解就显得昏暗无助。

这首诗的题目有另外一个版本，叫《夜雨寄内》。"内"指的是内人，也就是妻子。当他写下这首诗送给他妻子的时候，他妻子已经过世一年之久。在过去、现在、未来三个时空转换的基础之上，又加了一层"生死"的相隔。这时我们再读这首诗，情绪完全不一样。

"君问归期未有期"，想起在我离你远去的那一天，当时你问我什么时候会再回来，那会儿我说我也不知道，此去经年不知何时能回，此刻我们相顾无言。"巴山夜雨涨秋池"，窗外的小雨淅淅沥沥，一如我们的愁绪不断上涨，难以排解。

"何当共剪西窗烛"，"何当"此时就变成了一个追问，对上天的追问，什么时候阴阳两隔的我们还能再次重逢，一起在独属于我们两个人的小房间里面共剪烛花，一同谈论着巴山夜雨？此时的我多想回到别离前的时光里，可是我再也回不去了。

如果这样来理解这首诗的话，就太沉重了。至于你更倾向于哪一种，则取决于你的理解与选择。

听众妙评

@鸥夷子皮皮虾：《夜雨寄北》最奇妙的是仅用二十八字就串联起过去、现在、将来，加上两个"巴山夜雨"形成文字和时空上的回环往复，与我和君之间情感上的互挽交缠相映衬，达到情与景、形与意的高度融合与统一，余味无穷，令人叹为观止！

@小韩同学不是憨憨：曾经生吞硬嚼下去的古诗词，都已经携带着作者创作时那一刻的深情，在我们此后漫长的一生中草蛇灰线，伏脉千里。

4

"落差产生惊喜，
反差透露爱意"

《诗经·静女》课堂一瞬

教学设想

　　《静女》本是一首再纯真不过的爱情诗，但在后世很多学者眼中，这首诗却无比"面目可憎"。《毛诗序》有云："《静女》，刺时也。卫君无道，夫人无德。"朱熹《诗集传》则认为"此淫奔期会之诗"。这些解读让这首诗变得不再纯真可爱。教学中我们需要做的就是还原这种"纯真可爱"，这对十五六岁的高中生来说尤其重要。面对爱情主题时，若顾左右而言他，刻意回避或者有意贬低，都是对文本本身的不尊重。

　　在讲授过程中，我主要带着学生一同分析了女子选择"爱而不见"的多种可能性，以及"美人之贻"的珍贵与难得，来还原这份爱恋的美好。同时，关联《诗经》中类似风格的《风雨》与《褰裳》，进一步感受《诗经》中真挚和热烈的情感表达。

　　从课堂效果上来看，因为不回避讨论爱情，学生的专注度和积极性都非常高，也因此觉得千年前的《诗经》似乎离我们更近了些。

📺 课堂实录

"静女其姝"，女子性格娴静而且容貌漂亮，男子非常喜欢她。"俟我于城隅"，两个人约定好了在城角见一面。这一面，对男子来说很重要，因为他要确定一件事：对方是不是真的也喜欢自己。

"爱而不见"，是从后来的视角回顾时所写下的文字，原来女子是故意躲藏起来不见他。但在当时，男子并不清楚女子为何未能如约而至，所以很焦急，表现为"搔首踟蹰"，不断地挠头，不断地来回走动排解心中的不安。我们不禁要问，为何女子未能准时出现会让他如此不安？

首先，可能担心女子没有准时出现是因为她并不喜欢他，因此没有履行约定，此为"不愿来"。其次，女子可能有意愿赴约，但因家庭原因或其他阻碍而无法前来，此为"不能来"。又或者，女子来了，但在路上可能遭遇了意外危险或事故，导致她无法按时到达。种种原因，男子越想越焦急。

焦急的另一个表现是踟蹰、徘徊。为什么要徘徊？因为他在犹豫。到底要不要主动去找她。他担心如果自己出去找，离开约定地点，女子又恰好到来，而就这样错过又该怎么办？所以他的心里满是矛盾和纠结。

当然，最理想的情况是上述所有担忧均属多余，女子其实已经到来，"爱而不见"，"爱"是躲藏义，只是暂时躲藏起来。那我们站在女孩子的视角再来想一想，她为什么要藏起来？有几种可能性？

第一种可能性，有同学提出，她之所以这样做，是出于戏谑，单纯想要捉弄他。而这也让我们发现女子性格的另一面。在众人面前，她可能表现为"静女"形象，文静而内敛。然而，在她喜欢的人面前，她却能展现出非常调皮可爱的一面。这是一种性格的反差，而这种反差恰恰凸显了他在她心中的特殊地位。**这是"反差透露爱意"。**

第二种可能性，涉及对当时社会背景的考量。或许在那个时代，男女私下会面，在社会道德层面，仍是极其危险的行为。如《孟子》中的记载，男女之间的约会和成婚，必须遵循两个条件：一是"父母之命"，即双方父母必须事先商定；二是"媒妁之言"，即必须通过正式的媒人和一系列的流程。若未遵循这两个条件，而是通过不正当的方式，如"钻穴隙相窥"或"逾墙相从"私会，则"父母国人皆贱之"，连其父母和周围邻居也会看不起他们。"不由其道而往者"，即便没有这些不当行为，但若未按"父母之命，媒妁之言"的正式途径交往，其性质与私通无异。当然，《诗经》所处的年代和《孟子》产生的年代并不相同，不能一概而论，但《诗经》中也有像**《南山》"取妻如之何？必告父母……取妻如之何？匪媒不得"**这样的表述。哪怕到了今天，在熟人环境（校园／工作）中恋爱也是件审慎私密的事。所以可能是出于害怕被熟人发现产生不必要的麻烦等原因，他们此次会面本身带有某种警觉性，这就解释了为何她会选择躲藏。

第三种可能性是她故意躲藏，以观察男孩子的反应，与第一种简单的捉弄不同，这是一场严肃的考验。她可能想看看，如果自己迟到或未能出现，男孩子会如何表现——是焦急、漠不关心，还是因迟到而愤怒。因为我们知道，一个人在无意识中表现出来的反应，或许才是更加真实的性格呈现。

终于，他们相见了。那一刻，男孩感到无比惊喜。此前，他脑海中已经预想了无数场大戏，不断揣测究竟发生了何事。这种预期与现实之间的落差，使得原本的担忧和焦虑瞬间转化为极度的喜悦。**这是"落差产生惊喜"。**

接下来的四句诗——"静女其娈，贻我彤管。彤管有炜，说怿女美"。女孩主动赠予的礼物，在外人看来平凡无奇，但对男孩而言却意义非凡。

关于彤管，有两种解释：一是红色的管状物，二是红色管状的初生之草。尽管在旁人看来，这不过是一根普通的草，但在男孩眼中，它却如"炜"火般发光发亮、熠熠生辉。这并非因为草本身之美，而是因为这是她所赠予的。正如诗中所言，"匪女之为美，美人之贻"，因为是她所赠，所以即便是最平凡的物品，也会被男孩珍藏。

"自牧归荑，洵美且异。"关于"荑"的来源，也有两种解释。一是女孩随手路边采摘，男孩却视若珍宝；二是"荑"具有特殊含义，类似于现代的玫瑰，象征着定情之物。男孩收到这份礼物时，心中百转千回的疑惑得到了解答：他明白她是爱着他的，他们马上就能正式在一起了。这种情感在当时的社会环境中极为难得，但正因如此，我们不得不佩服两人的勇气，尤其是女孩，她愿意最后迈出那一步，接受男方的喜欢，这是很难得的。

下面再和大家分享《诗经》中另外几首类似风格的诗歌。

《风雨》

风雨凄凄，鸡鸣喈喈。既见君子，云胡不夷。

风雨潇潇，鸡鸣胶胶。既见君子，云胡不瘳。

风雨如晦，鸡鸣不已。既见君子，云胡不喜。

这首《风雨》描绘了一男一女等待对方出现的场景，他们的身份可能是夫妻，也可能是热恋中的情侣。从诗中的视角来看，应该是女性视角，因为后文提到"既见君子"。在这个晚上，他们约定见面，女子先到达了约定地点。然而，天色如晦，原本晴朗的天空突然变得昏暗，狂风暴雨骤至。风雨之大，连周围的鸡都鸣叫不止。女子心中充满了矛盾和纠结，一方面她渴望男子的到来，希望他能按时赴约；另一方面，她又担心恶劣的天气会使他遭遇危险。在这个风雨交加的夜晚，她内心既希望他早日到来，又希望他平安顺遂。直到门被打开的那一刻，"既见君子"，他的出现让所有的疑虑都烟消云散。"云胡不喜？"此刻，内心中只剩无尽的欢喜。

《褰裳》
子惠思我，褰裳涉溱。子不我思，岂无他人？狂童之狂也且！
子惠思我，褰裳涉洧。子不我思，岂无他士？狂童之狂也且！

再来看这首《褰裳》。所谓"褰裳"，"褰"意指提起，"裳"则是指古代下身的衣裙。因此，"褰裳"意味着提起衣裙。那么，为何要提起衣裙呢？开篇即言"子惠思我"，"子"指的是你；"惠"在传统注释中解为"爱"，也有学者认为是语助词，无实义；"思"则是思念。"褰裳涉溱"，意指若你思念我，就应提起衣裙渡过这条河流。这表明男女双方的居所被一条河流所隔。若真心思念，你就越过这条河来找我，你不要找借口说什么没有船或者桥塌了等等，想过来总是有办法的，不需要找借口。

接下来这句更显情感的炽烈与直率。"子不我思"，若你不思念我，我会怎么样呢？请同学们试着续写下半句。你可能会想象出怎样的结局？是不予理会还是以死相逼？

实际上，她说的是"子不我思，岂无他人"。如果你不想我、不找我、不爱我，难道就没有其他人来想我、来找我、来爱我吗？"狂童之狂也且！"你这臭小子，不要太狂妄自大，你也没什么了不起的！通过这样的表达，我们可以感受到这份情感的真挚与热烈，与传统认知中的古代女性形象完全不同。但在《诗经》中此类作品比比皆是。

这也解释了为何《诗经》能够流传数千年至今。尽管诗中并未透露这些人叫什么、长什么样，但透过这些语言与动作，我们仿佛能够目睹当时的场景。

如孔老夫子所言，"《诗》三百，一言以蔽之，曰'思无邪'。"这种真诚而恳切的表达，无论后世何时阅读，都能令人真切地感受到其中的情意。这也是《诗经》得以流传至今的重要原因。

听众妙评

@不走寻常路的杨18：教育一直都只有一个主线，就是培养一个完善的人。这里面感情的培养是非常关键的一步，只是大家被功利盖住了双眼，选择违背本性罢了。教育一直提倡体会各种各样的感情，在字里行间或是于人间烟火中。

@我爱你西北的雪：对于《诗经》的解读，各派都有不同的说法，儒家学派为了表达自己的主张更是将诗歌附会以很多政治意义，而且《诗经》距今几千年，又经过秦始皇焚书坑儒，许多诗的本意都是众说纷纭。除了那些经过历史考据且被众家承认的诗歌有统一的解读，其他的诗篇都是一千个人有一千个哈姆雷特，只要言之有理即可。

5

"天青色因何等烟雨，
帘外芭蕉又如何惹骤雨"

《青花瓷》课堂一瞬

📖 **教学设想**

    语文本身与生活密不可分，在教学中，我们亦不可局限于教材。本节课尝试在讲述古诗时融入现代歌词案例，尤其是那些学生耳熟能详、喜闻乐见的歌曲，事实证明能极大激发学生的学习兴趣。

    本节课借助对《青花瓷》歌词的阐释，带领学生更好地理解《诗经》"赋比兴"的特点。学生本就钟爱周杰伦的歌曲，且多数能哼唱几句。此外，词作者方文山有着深厚的古诗词功底，歌词本身也有着诸多值得深入挖掘的意蕴。

    更重要的是，借此向学生传递一种语文学习的观念：只要有语言文字存在的地方，都值得我们用文本细读的方式去认真对待。无论是聆听歌曲还是观赏电影，甚至是浏览广告，当我们产生了一些内容理解上的疑惑，**不要让这些"疑惑"滑过去**，而是努力刨根问底，一定会发现另一番更广阔的语言天地。

📺 课堂实录

很多流行歌曲，大家喜欢听也喜欢唱，但可能很少去关注歌词的深层含义。比如周杰伦的《青花瓷》中有一句"天青色等烟雨，而我在等你"。不知道同学们有没有想过，天青色到底是一种怎样的颜色？以及这句歌词到底好在哪里？

古人曾有"雨过天青云破处，这般颜色作将来"的说法。这描绘的是雨后初晴，云和云之间破开的那片天空所呈现的颜色才是天青色。这一刻世界似乎显得格外澄净，也更易触动人心。但这种颜色的出现必须有一个前提，那就是一定得是"下过雨"。如果要等到这个颜色，必须得有雨。同样，我的生命如何才能达到完整？**必须得等到你的出现，我的生命才得以完整**。

接下来的三句，"帘外芭蕉惹骤雨，门环惹铜绿，而我路过那江南小镇惹了你"。毫无疑问，"惹"字是理解这句词的关键。我们一般理解这个"惹"字是"招惹"的意思，但在这里它表达的是"沾染"。这似乎是在说芭蕉沾染了骤雨，门环沾染了铜绿，是我"沾染"了你，邂逅了你。

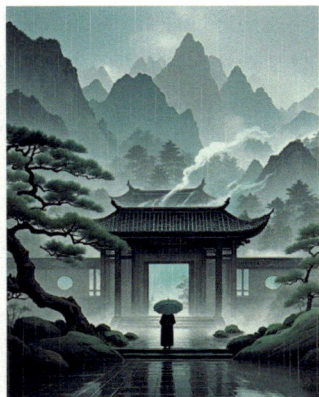

然而，实际上沾染的"主客体"刚好相反。因为芭蕉固定在庭院的一角，真正发生的是下了一场骤雨，是骤雨沾染了芭蕉。"门环惹铜绿"也是如此。什么是铜绿？从化学角度讲，铜绿就是"碱式碳酸铜"，因为铜制门环长期暴露在潮湿空气中，与二氧化碳、水和氧气发生反应，铜绿自然生长在了门环上。同样，并非我主动惹了你，而是你的方方面面之美让我难以忘怀，是你让我深陷其中难以自拔。这三句都是反其意而用之。

这种"欲言此物，先言他物"的写法就是"兴"。前后两者之间存在一定的联系，但作者真正想要表达的是后半部分，而前半部分仅作为引子。前面所起兴的"天青色""芭蕉""门环"等意象都是铺垫，他真正想要引出来的是我和你的关系，是我对你的一片深情。

而"兴"这一手法在《诗经》中也频繁出现，如我们所熟知的"关关雎鸠，在河之洲。窈窕淑女，君子好逑"，作者并非真的在描述鸟鸣声，他要说的是眼前的你是如此美好。又如"蒹葭苍苍，白露为霜"的景物描写并非最终目的，他真正想说的是"所谓伊人，在水一方"。"兴"的使用妙处在于，既构建了读者的想象维度，又丰富了诗句本身的意蕴，使其形象鲜明、诗意盎然。

◉ 听众妙评

@栖迟ㄥ：第一次读到雨过天青那两句还是在木心的《童年随之而去》里面："所以一本《历代名窑释》中的两句'雨过天青云开处，者般颜色做将来'，我就觉得清新有味道……现在回想起来，真是可怕的预言，我的一生中，确实多的是这种事，比越窑的盌，珍贵百倍千倍万倍的物和人，都已一一脱手而去，有的甚至是碎了的。那时，那浮余的盌，随之而去的是我的童年。"*现在再读起来也像一个引子一般，总在一片苍茫的海上勾起些浮浮沉沉的思绪，而在某个片刻后又尽数褪去，只余下在小河上等待沉没的自己……

@无聊的想养狗：你不是我的月亮，但有一刻月光确实照在我身上。

---

* 这段话引自木心先生原文。"雨过天青云开处，者般颜色做将来"通行写法为"雨过天青云破处，这般颜色做将来"（见《宋稗类钞》等书）。"盌"为"碗"的异体字。——编辑注

6

"满心欢喜难挡一瞬失落"

《涉江采芙蓉》课堂一瞬

📖 **教学设想**

　　这节课的教学起点是我在阅读教材注解时产生的个人困惑，教材注解将叙述者固定成男性，但我个人认为视角略显单一，反而束缚了文本的解读空间。

　　同时在上这节课前，同学们做了一道古诗鉴赏题，要求赏析李白《子夜吴歌》中的"何日平胡虏，良人罢远征"，很多同学都选了"该句描述的是丈夫思念远在故乡的妻子"这个选项，但正确答案其实是妻子思念戍守边疆的丈夫。很多同学无法理解李白明明是男性，为何可以化身妻子思念丈夫。

　　所以在讲解中，我特别强化了"**叙述者视角**"。首先希望学生明白，古诗中很多时候都是男性作者假托女性身份来传递思念之情，也就是作者和叙述者可以是不同的。其次，古诗中有很多"对面落笔"写法，引入《九月九日忆山东兄弟》《邯郸冬至夜思家》《江城子》等诗词做对比参照。

📺 课堂实录

在这首诗的下方，教材直接提供了一段解读文字，编者的初衷无疑是好的，希望通过提供解读文字帮助我们理解这首诗。然而，**一旦视角被固定，我们作为读者的想象和理解空间便受到了极大的限制。**许多同学也都倾向于从一个特定的角度去理解此诗——叙述者是一位身处异乡的男性。因为教材解读中提到了大批士子因为游学远离故乡，此刻他采撷香草送给同心之人，但他思念的人还在旧乡，长路漫漫，欲赠不能，只能让忧伤陪伴自己终老。

如果从考试的角度来说，这首诗理解到这一层绝对够用了，但是我觉得如果仅仅是这样的理解，还不足以触动人心。此外，考虑到古诗往往采用深沉含蓄的表达方式，注解提供的解读可能会过于直白浅显。整首诗似乎只能从"我"的视角出发，都是以"我"的角度来叙述，"我"涉江采芙蓉，"我"在思考要送给谁，"我"所想念的在远道，"我"回头望向故乡，想到"我们"应当同心，但遗憾的是，"我们"现在相离两地。

我们不妨转换一下视角，将叙述者设想为一位在旧乡的女子。如此一来，解读空间立即变得丰富。第一句"涉江采芙蓉"，在这样晴朗夏日的好天气里，她的心情原本是愉悦的，可能与邻里友人结伴前往江畔采摘荷花。采莲活动本身便是一桩令人快乐的事，我们学过那一句"江南可采莲，莲叶何田田"，还有《荷塘月色》中描绘的那些少男少女采莲的场景都是非常欢乐的。因此，她并非一出门便感到忧伤，相反，她出门时心情是非常愉悦的。

然而，在某个瞬间，她突然感到忧愁。是什么瞬间呢？"采之欲遗谁"，这句话可以理解为自问自答，但也可能源自周围其他人的对话。荷塘上聚集了众多人，他们相互间交谈着，询问彼此会将这些美丽的荷花和香草送给谁。她们之间的对话充满欢声笑语，而此刻，她却仿佛被泼了一盆冷水，这个问题突然指向了自己：我费尽心思所采的这些花草，最后应该送给谁呢？我又能送给谁呢？因为我所爱恋、所思念的那个人在遥远的他乡，我今日所采的花草，**即便带回家中，也不过是闲置一旁或任其枯萎，**似乎失去了所有的意义。心情顿时从原本的欢乐畅快跌落至冰点。

这种情绪与一首诗颇为相似，即王昌龄的《闺怨》。

《闺怨》

闺中少妇不知愁，春日凝妆上翠楼。

忽见陌头杨柳色，悔教夫婿觅封侯。

"闺中少妇不知愁，春日凝妆上翠楼。"在一个晴朗的春日，一位少妇化了美美的妆，登上高楼，远眺着风景，加上难得的春日晴朗天气，心情格外高兴。然而，突然间她的情绪急转直下。"忽见陌头杨柳色"，远处的杨柳让她的心情瞬间变得低落。为何看到杨柳会让她情绪低落？

第一种可能，我们知道古诗中一个很常见的离别场景就是折柳送别。此刻她可能想起了很多，想起了当初送别丈夫的场景，那时自己应该更加坚决地挽留。"悔教夫婿觅封侯"，唐代前期国力强盛，从军远征，立功边塞，成为当时人们追求功名的重要途径，她的丈夫也是其中一员。但她此刻却深感后悔，后悔让丈夫从军远征。**相较于遥不可及的封侯拜相，她更希望丈夫能够陪伴在自己身旁。**

第二种可能，她或许在那一刻想起两个人曾非常快乐地在春日阳光下、在杨柳树旁漫步江边，彼此欢笑玩闹，那一瞬间特别美好。但如今，两人无法相聚，丈夫去边疆生死未卜，那一刻她所有的情绪都被激发出来。当然也并不是看到杨柳色才突然产生悔意，这种悔意可能一直潜藏在她心中，此刻的杨柳色只是触发了她心中积压已久的情绪，就像一杯水即将溢出，再加一滴水便满溢而出，她所有原本压抑的情感在一瞬间都被激起。

回到《涉江采芙蓉》，情绪是极其类似的。在丈夫离去之后，她定是日夜思念。"采之欲遗谁"的追问，触发了她所有的思念。

而比一个人思念另一个人更加愁苦的是，此时她想象着对方可能也正在思念着我，两人彼此相念却难相见。

因此，在第三句"还顾望旧乡，长路漫浩浩"中，我们会发现主语发生了变化，主语不再是前两句的"我"（也就是身处旧乡的女子）。若解释为"我"，则存在一个问题，"望旧乡"表明言说主体并非身处旧乡，否则不会提及"望旧乡"。所以实际上这一句的主语已经变为了"你"，即那位远在他乡的男子。此刻，在遥远的他乡，"你"是否也在思念着"我"？是否也在登高远望，"还顾"望向此刻在故乡的"我"？

此时，读者的脑海中可以构想这样一幅画面，仿佛两人能够穿越时空，深情凝视。在那一瞬间，那位男子突然回头，望向旧乡，惊鸿一瞥，两人的眼神突然交汇，似乎触手可及，**仿佛只要"我"稍作前行，我们便能相拥在一起。**

然而，现实却是如何？现实如同梦境一般，我们之间隔着漫长的路途、遥远的距离。眼下的现实是我们无法立即相聚，当他独自远在异乡，谁也无法预料未来会是如何，是生是死，无人知晓。所以才有了最后一句中的"同心而离居"。此刻，我们心心相印，彼此思念，却分离两地，这种忧伤缺憾将永远伴随着我们。

此外，关于这首诗，我们再补充两点。首先，关于叙述者视角。有同学提出疑问，作者与叙述者是否可以是不同性别？答案是肯定的。例如，作者为男性，叙述者完全可以是女性。实际上，我们在刚刚结束的月考中就遇到了类似问题，古诗鉴赏题考到了李白的《子夜吴歌》。

《子夜吴歌·秋歌》
长安一片月，万户捣衣声。
秋风吹不尽，总是玉关情。
何日平胡虏，良人罢远征。

许多同学对其中一个选项表示疑惑，该选项描述的是丈夫思念远在故乡的妻子，但正确答案却是妻子思念戍守边疆的丈夫。同学们当时难以理解，因为李白是男性，很多人便质疑为何他会以女性的视角来表达思念之情。然而，原诗"何日平胡虏，良人罢远征"中的"良人"指的是戍边的丈夫，只是李白在此处采用了女性的视角口吻来进行叙述。因此，叙述者的性别并不必然与作者的性别相同。

更典型的还有温庭筠的这首《望江南》。

《望江南·梳洗罢》

梳洗罢，独倚望江楼。过尽千帆皆不是，斜晖脉脉水悠悠。

肠断白蘋洲。

温庭筠非常擅长运用女性视角来表达个人情感。"梳洗罢，独倚望江楼"，若我们简单地认为作者与叙述者身份一致，那么就会想象成温庭筠早晨起来梳洗打扮完毕，独自倚楼望江。这必然不是作者本人，而是其假想出来的女子形象。"过尽千帆皆不是，斜晖脉脉水悠悠"，从清晨到傍晚，看着江面上的船来船往，她一直在等待心中所思之人归来，但始终未能如愿，最终以"肠断白蘋洲"作结。因此，**我们必须明白叙述者并不等同于作者。**

其次，诗中用到的"对面落笔"手法同样值得我们关注。所谓"对面落笔"，就是在表现怀远、思归之情时，作者不直接抒发对对方的思念之情，而是从对方着笔。尽管我并不了解你的情况，也不清楚你此刻具体在做什么，却能想象猜测你此刻的所作所为、所思所想。一个典型的例子是我们儿时学过的《九月九日忆山东兄弟》，诗中提到"遥知兄弟登高处，遍插茱萸少一人"。尽管身处他乡，诗人却想象着重阳节兄弟们登高欢聚，还能记得少了自己。这种手法实际上是将自己的思念之情转化为对方对自己的思念。

再如白居易的这首《邯郸冬至夜思家》。

《邯郸冬至夜思家》

邯郸驿里逢冬至，抱膝灯前影伴身。

想得家中夜深坐，还应说着远行人。

诗中写道"抱膝灯前影伴身"，冬至夜，外面可能家家户户人声喧闹，此刻"我"却只能一个人在空旷的小房间里抱膝坐在灯前，陪伴自己的只有影子，没有比这更孤独的了。但能够让我稍稍排解一下孤独的是什么呢？"想得家中夜深坐"，试想此刻远在千里之外的家乡，深夜时分大伙围坐在一起聊天谈心。"还应说着远行人"，应该会聊起远在他乡的我吧。这也是对面落笔的一种表现，站在对方的视角进行叙述，聊以自慰。

再如杜甫的《月夜》。

《月夜》

今夜鄜州月，闺中只独看。

遥怜小儿女，未解忆长安。

香雾云鬟湿，清辉玉臂寒。

何时倚虚幌，双照泪痕干。

此时杜甫被困长安，他的妻子则在鄜州，此诗的视角即妻子视角，她透过窗扉凝望月亮，目光投向长安。"闺中只独看"，她独自一人，思念着远方的丈夫。"遥怜小儿女"，孩子们不解地询问母亲为何凝视远方。"未解忆长安"，妻子告诉孩子们她在遥望长安，但孩子们尚幼，无法理解母亲的深情。"香雾云鬟湿，清辉玉臂寒。"这种孤独感因深夜的寒冷而加深，雾气湿润了她的发丝，清冷的月光使她的手臂感到寒意。"何时倚虚幌，双照泪痕干。"她渴望与丈夫团聚，共同倚靠在窗边的帷帐旁，让月光照干彼此的泪痕。然而，现实却是两人分隔两地，泪痕难干。

当然，还有一种更为深沉的痛苦，即一方已故，永无再见之日的"对面落笔"。苏轼的《江城子》便是代表。

《江城子·乙卯正月二十日夜记梦》

十年生死两茫茫，不思量，自难忘。千里孤坟，无处话凄凉。纵使相逢应不识，尘满面，鬓如霜。

夜来幽梦忽还乡，小轩窗，正梳妆。相顾无言，惟有泪千行。料得年年肠断处，明月夜，短松冈。

"纵使相逢应不识，尘满面，鬓如霜。"苏轼从亡故十年的妻子视角出发，想象着即使在梦中相见，妻子应该认不出他。因为十年的岁月早在他脸上留下了痕迹，而妻子的容颜却永远定格在她离世的那一刻。这种无法被认出的担忧，代表着苏轼内心的深切悲痛。

最后，给大家留下一个思考题。在《涉江采芙蓉》中所描述的生离，与《江城子》中所描绘的死别，在同学们看来，哪一种更令人感到痛苦？欢迎大家各抒己见，分享自己的看法。

听众妙评

@真的是 theo：共情是学好语文最重要的能力。隔着千百年的时光，重拾古人的心进行解读，去感受那时那地那人的心情，真的是一件格外美好的事情。对于古人而言，生离与死别并无区别，如果非要说哪一个更深刻，依个人拙见，生离。死别从心理而言已无相见期待。而生离则不然，一面是对相见的期许，一面是难以相见的痛苦。即便在交通便利的今天，这种折磨仍难以消解，更遑论交通不便的古代。

@曲径小馆：生离，至少双方还有再见的可能，即使机会再渺茫，心里也总有一个盼头，而死别是真真正正的绝望。圣埃克苏佩里在《风沙星辰》里说："渐渐地，我们察觉到某人的快活笑声，我们再也听不到了，那个庭院永远对我们封闭起来。对于我们来说，这个时候才是真正悼念的开始。虽然不是撕裂般的悲伤，但还是觉得有点苦涩。"这样的痛，绵长而深切。老师讲课真的好温柔，分析也好透彻。

7

"人生第一次采访爸妈，让我重新认识了他们一次"

学生采访家长实录

📖 教学设想

布置这个作业的时候，恰逢清明节前后，同学们难得能和家人尤其爷爷奶奶辈聚在一起。就想着趁此机会，让同学们通过这项采访作业更加熟悉自己的亲人。因为如果老师不布置这个作业，同学们估计一辈子也不会想着去采访家人，从而失去了一个了解亲人过往的机会。

通过采访的形式，学生能更郑重其事地交流，换个视角看待家人，或许会有更多感受。采访的内容也很简单，可以问对方记忆里最骄傲／最开心／印象最深／最遗憾的事，也可以让同学自由发挥。

这样主动的交谈对话，**某种意义上就是在做口述家族史**。每个长辈都曾年轻过，身上也都有着非常多的故事值得我们去挖掘。

学生作品

注：下文中出现的家属称谓并不是同一家人的，而是班级同学各自家人的称谓。"我"指同学。

（一）您记忆里最骄傲的事是什么

妈妈：小学的时候班里都看成绩，我那时候成绩好，就和班里老大一样，一放学就带一帮同学回家，让他们帮忙一起织草帽，他们帮忙干了不少活。

（**我**：那你是不是要留他们吃个饭啊？）那没有，让他们自己回家吃。

奶奶：最骄傲的事是主动去当民兵，背枪站岗，打过三八式步枪。最开心的事是回乡下的时候和几个阿婆（她的姐妹们）打老 K（扑克），打到转天天亮为止。

爸爸：最骄傲的事，你上幼儿园的时候，我们那会儿都还在湖州，记得吗？我参加市里三对三篮球比赛，拿了第三名！还有最快乐的事嘛，肯定是遇到你妈了嘛。

（说完，我们都笑了起来，哎哟，我都替妈妈甜蜜蜜了。）

那时候日子虽然辛苦，但每天清晨出发时都会大声唱歌，一看到太阳出来就会开始唱李克勤的《红日》，有时回家的路上碰到拉竹子去卖的拖拉机，这时候就可以揪着伸出车斗外的竹子骑车，能早半小时到家呢！

妈妈：最骄傲的是，年轻的时候和姐妹一起去深圳打拼，赚了点钱转战服装厂，工资的话，一个月三万。这在（二十世纪）九十年代还是相当不错的，嘿嘿。（**我**：多少？？——破音中）

爸爸：在散步的时候，看到一户人家着火，先报了 119，然后自己冲了进去，把人救了出来。结果自己被烧伤，左臂一大片结痂。后来还上了报纸，上面写着：某某见义勇为！

（二）您印象最深的事是什么

妈妈：记得我小时候有一次弄坏了你外婆的什么东西，你外婆追着我要打我，我当时爬到了门口的梨树上。梨还没熟，但我在树上把梨全吃光了，有点报复的心理，现在想想真是可爱的嘞。

妈妈：小时候在阳台救了一只小鹌鹑，将它当作宝贝来对待，后来因为家人打扫房间，惊走了它。我很生气，然后就"离家出走"了，自己决定回奶奶家，要绕过一座山。走到一半，太害怕了，就停下来等着家人来找我。

结果等了好久都没人来，我就一步一步挪回家，直到快到家时看见他们就站在不远处。这时我才明白他们猜到我一定会回来的，一群人就站在那儿看着我。可以说是人生最尴尬的时刻！

奶奶：那个年代，孩子走失是常有的事。有一次外出，我带着弟弟与家人走散了。后来我们被一户姓秦的人家收养，秦家是有钱人家，对我们也很好。因此我也结识了你爷爷，他当时是另一户地主家的少爷。我们俩青梅竹马，后来也顺理成章地走到了一起。只是现在看来，这哪里是青梅竹马，分明是一生冤家！

妈妈：就你那次玩斗地主被老师叫家长，老师电话里没说，我还以为你生病了呢，人生第一次被叫家长。（**我：**最后一问，那你和爸爸是怎么谈上的？）

这问题很刁钻，说实话，我是你爸初恋，但你爸不是我的初恋，哈哈哈哈。我当时可是职一模特队首席，追我的人多了去了。你爸当时不读书，开大卡车，送完货就来找我吃油炸、吃烧烤，用夜宵收买我的，日久生情嘛。

外婆：你小时候很黏我，我一点点把你带大的，别人都是先尝一下给孩子吃的饭烫不烫啊，我不的，我都是慢慢弄凉。你吃一顿饭可要好几个碗。

（**我**：事实并非如此。我记得大概我三四岁的时候，我爸妈忙，每个月给我外婆外公几千块钱，钱都是我外婆拿走的，90% 时间都是我外公带我的，还带我买零食，每天晚上再把我送回去。外公沉默寡言，是非常典型的《乡土中国》中的那种男性长辈形象，只做不说。外婆一听作业要求，只想一味地彰显自己对我的好，没有足够的真诚，问再多也没有意义。）

妈妈：就是你问我每天早起买早饭累不累，我说累，你就说那你不要买早饭了。我发现你懂事了，知道妈妈的辛苦，宁愿饿肚子，让我很感动。

（**我**：此外，妈妈还告诉我她十七八岁时载着阿姨骑自行车的事，在田间踩坏了别人家的地。我好像真的看见了那个在风中骑车的少女，在田野里，在那条我同样熟悉的路上，感受风与自然的气息。**十七岁的我似乎真的与十七岁的妈妈相遇了。**）

妈妈：我说一个印象最深的人，就是家里的舅公。他凭借自己努力和天赋，考上了上海医科大学，后来留在上海工作，不断努力，房子越来越大，孩子出生后，自己又去美国留学进修了好几年，回来后当了卫生局领导。而且即使他功成名就，也没有任何架子，用我妈的话来说"他永远把自己当成一个小同志"。

他很自律，每天晚上都会看好久的书，从未停止学习。同时非常关心照顾妻子，每天饭菜都是由舅公准备的，而且舅公一有空就会陪孩子。

（**我**：绝世好男人！妥妥的小说男主！）

奶奶：嬉戏的时候最开心。卖小店的时候，再早就是做垂面、磨豆腐、卖豆腐，嘿嘿。

（**我**：可是，在我看来，这些都是干活儿，并不算嬉戏，又怎么会是最开心的事儿呢？这让我想起小时候有一段时间在奶奶家，每天清晨，奶奶会早起做一大家子的早饭，我和哥哥会比赛谁吃得快，奶奶就在旁边看着我们，笑着。下午放学回来，我会在离小店有一小段路的地方，大声呼喊："奶奶我回来啦！"奶奶就会边做着彩灯边笑着回答："哎！"晚上睡觉时我和奶奶挤在一张床上，看着电视，听着奶奶讲述她和壁虎的新奇故事，把我逗得笑个不停……）

我：今天，去爷爷奶奶家吃饭了，我记得老师布置的任务，但话到嘴边，却怎么也问不出。不过我想也不用问，我便能知道问题的答案。

当我们一家四口整齐地回到老家时，当我和妹妹取得好成绩时，当我夸她的菜好吃时，当我亲切地问候爷爷奶奶时，当我们大包小包地把东西拿着时，他们就是开心的。

当我们告别他们，当我在学校里遇到不开心的事，当我在学校吃不饱时，当我在学校太累的时候，他们就会失落、难过。

长大真的是个很难过的词。

（三）您印象里最惊险的事是什么

外公：前几年，晚上睡觉突然惊醒后，不知道为什么就喊了喊你外婆，发现喊了没人应，于是摇了摇她，还是没醒。手试了下呼吸，发现没有呼吸了，连夜把她送到急诊。你外婆在 ICU 里住了好久，最后人救回来了，但半边身子中风没了知觉。幸好我当时醒了，幸好，幸好。

妈妈：在你五岁那年，我以为你爸在陪你，就和你阿姨一起去逛街了。结果你爸以为反正我在家，临时有事就出去了，把你一个人丢家里，害你一直哭，最后哭累了就睡着了。在这之后你就变得异常黏人，一定要跟在我后面。现在想想确实后怕，还好最后平平安安的。

妈妈：当时在房间里，有一只老鼠从阳台冲进房间乱窜，我直接跳了起来尖叫。然后你舅舅来了，他拿着扫把追着老鼠在房间里绕来绕去，最后他抓住了老鼠。然后重点来了，他抓着老鼠拿到我眼前晃，我直接吓哭了。后来你舅被外婆训了。听说他还打算养它呢！

　　爸爸：印象最深的事，骑自行车送饭盒的时候，下坡时车翻了，我战损了，但饭盒完好无损。（我严重怀疑他夸大了，在他的描述中，过程是这样的，如下图。）

爸爸：当时在大街上卖眼镜，放在衣服里面卖，卖了几十块，你知道当时几十块是多大的一笔钱。结果那时治安不好，很多混混，他们看我一小孩拿那么多钱就给我抢了，还把我猛推到地上。回去以后，当时我也犟，硬是谁都不告诉，结果痛了一晚上。

爸爸：最害怕的事大概是在高中的时候，同学惹了事，大半夜寝室冲进来三个大汉，全都拿着刀。我还没反应过来，睁眼就看到他们冲进来。情急之下我说你们要找的人不在，他们就走了。之后我就退学离开了这个是非之地。

妈妈：这真是我这辈子最倒霉、最难忘的事了。1997 年，那时候还在跟你爸爸谈恋爱，那天晚上，我们一起在朋友家吃了饭，饭后说先打会儿牌，结果还没玩十分钟，你爸就肚子疼，急性肠胃炎，去医院挂针。挂完已经两点多了，朋友让我们直接住他家，我们怕打扰他们，而且回自己家也就十来分钟，我们就决定回家。

结果，在路上就遇到了抢劫，他们拿着钢管，直接把我们从摩托车上打下来了。我身上的金器都被抢走了。我记得他摘我戒指的时候，不好摘，我真的很怕他把我手砍掉。

还好这时候有辆车开过，我们疯狂喊救命才吓跑了抢劫犯，不然可能真死在那个晚上了。你爸头上缝了 8 针，我缝了 4 针，还拔了一个指甲。后来的一段时间里，只要晚上过了 9 点，我就不出门了。

外婆：年轻的时候，跟你外公两个人出去旅游，被一群混混盯上了，当时治安不好，他们手里还拿着刀。

你外公就护着我，跟他们对打，好在他年轻，又会点功夫，打得右手半个手臂都是血，都快断了，都是被砍的，当时就送急救了，最后捡回条命。

奶奶：我刚出生时，因为是个女孩，家里重男轻女，觉得女孩没用，于是我刚生下来就被塞进了马桶里，想要把我淹死。

但我命大，活了下来。或许是老天觉得我命不该绝。他们没把我淹死，就没有再管我，我幸运地活下来了。

（四）您记忆里最遗憾的事是什么

奶奶：当时我学习很好，哪怕只是上半天学、半天在家干活，我也能考第一。本来有机会上初中，当时招生的老师都来了，劝我去上初中。太公同意了，但是太婆没同意，不是因为家里没钱，而仅仅因为我是大姐，如果我去上初中了，家里就没有人干活儿了。

奶奶：最遗憾的就是小时候没读多少书，你老太公非常重男轻女，弟弟读书读不来，天天被骂，我坐他旁边看。邻居就问为什么不给你女儿读书，她什么事都会做一点，读书一定可以的。但是你老太公说，女儿又不是男孩子，读书有什么用啊。

后来，你老太公身体难受，去住院后回来，叫我过去说，看看这个药怎么吃。我就说，你才让我读了多少书啊，大字不识一个，怎么看啊。一天课桌都没坐过，怎么能让人不生气。

妈妈：呃，我可以说是你中考考进了回浦中学吗？哈哈哈哈，因为当时只差一分就肯定可以上台中（本地一中），真的很可惜，心理还是会有落差。不过现在看开了很多，只要你健康成长就好。

（**我**：我们一大家子都曾就读于回浦中学，我表哥中考差 5 分就能上台中，我表姐差 4 分，我差 2 分，都与台中失之交臂，似乎有魔咒一样。大家都在期待接下来家中小辈能不能把分数差打下来，这么大家子总要出个台中学子吧。没有说回浦中学不好的意思。哈哈哈。）

妈妈：初中没有好好读书，本来想考师范的，结果成绩不够，读了个中专，学了会计。当时也可以读护士，如果读护士，现在应该也在市一医院工作了。（**我**：那为什么没有读护士，不后悔啊？）

不后悔啊，我那时候哪能想到自己晕血啊。

妈妈：我外公他很爱吃鱼，那时候我刚开始工作，第一个月工资拿到了 180 元，然后我就想着用自己赚的钱买条鱼给外公吃。

就在我还在想什么时候去的时候，我的外公就意外去世了。我当时整整哭了两天，后悔为什么没有在拿到工资的第一时间就去找他。

（**我**：过了这么长时间，再次提及，妈妈还是湿了眼眶。）

爸爸：你爷爷去世的时候，当时大家都回来见了爷爷最后一面，还请了法事。你说伤心吗？人总有生离死别的时候，你以后也要给我们这样做的。

舅舅：遗憾的事倒还好，但我今天突然觉得上坟是件很有意义的事，它的意义就是不断强调我们家在这生活了多少年，我的爸爸、爷爷是谁。**等我们这辈走了以后，你和你姐姐记住这条路，记得来看我们。**

妈妈：你外婆走的时候，最后真的太痛苦了。每天凌晨，都被她自己咳醒，没睡过一个好觉，每天吃一堆药和补品，最后人越来越瘦，感觉风一吹就会粉碎掉。现在想想，你外婆最后走的时候她应该还是挺快乐的，至少不用再那么痛苦了。

妈妈：是我外婆死的时候，也就是你太婆。因为小时候常常和外婆待一起，那时候接到我舅舅的电话说外婆走了，我眼泪一下子就掉下来。赶到外婆住的地方，外婆就躺在床上。我本来对死人是很怕的，但那个时候我一点也不害怕，走上去摸了一下外婆的背，还是温热的。

爸爸：2007 年你出生。其他开心的事，当时也许都是开心的，但不至于让人印象深刻，只有这一件事的快乐随着你的成长绵延。

但过了一年，2008 年，我爸因为癌症去世，对我打击非常大。我有时也在想，**一个生命的延续与一个生命的凋亡挨得如此近，有交集，缘分却又这样浅，这到底是幸还是不幸。**

🗨 听众妙评

@单糖低盐：这样的访谈接近于口述史的工作，如果我高中时就受到这样的教育，我想我会记住一辈子吧，不仅是当时还未去世的姥爷，还有注重生命教育的老师。

@后知后诀：比起记考试考点，上过这一课的学生应该会将这堂课的内容记很久。所有的老年和中年人，都是从幼儿和少年时期，一步一步成长起来的。他们也有过青春的懵懂、年少的轻狂，和正青春的所有人一样，他们也有属于自己的故事。

@匿名：现在看来每一个人的喜怒哀乐莫过于亲情爱情，人生短暂，把握当下。教育的首要目标应该是情绪教育、人格养成。在似懂非懂的年纪，了解身边人的喜悦哀伤，会是很好的成长素材。期待有更多老师能够如此用心对待学生。

第四章

内外所求

"内外所求"为何事，"探寻自我"为何人，是一生的课题。

沉浸《荷塘月色》，追寻那片刻的自由心境，触碰内心隐秘角落；
研读《庖丁解牛》，或许一生向外追逐，答案却隐匿于自我本身；
吟咏《春江花月夜》，跳出自我，延展心境，望向远方与众人；
倾听《锦瑟》，对得与失的惶恐呢喃，帮助自我深挖心底诉求；
思索《〈老子〉四章》，自见自知，不惧风摧，启人以明；
品析《窦娥冤》，借悲剧之力抚平内心褶皱；
学生挑战随机拼诗，于诗意流淌间叩问己身。

1

"片刻的自由心境更为难得"

《荷塘月色》课堂一瞬

📖 教学设想

　　这是我第三次教《荷塘月色》，在前两次教学中，我更多关注的是文章中精致的语言描写，尤其执着于对比喻手法的分析。这次重读，或许是因为年岁渐长，在备课过程中我更多地把目光投向了原文的前三段内容，也因此极其真切地感受到朱自清在荷塘那一刻的自由心境。"像今晚上，一个人在这苍茫的月下，什么都可以想，什么都可以不想，便觉是个自由的人。"才明白难得的并不是荷塘与月色有多美，**难得的是这番完全放空自我的独处时刻。**

　　顺着这一思路，本节课补充拓展了现代社会里三类与之境况相似的人群。第一类是"下班后到家仍会在车上听完整首歌的中年人"，车前功名利禄，车后柴米油盐，唯有车中一瞬，仍是自由少年。第二类是"周六晚上放空独处的中学生"，就像 2023 年新课标二卷作文题所言，青少年希望有一个独属于自己的空间，能否安静一下不被打扰，这对高中生来说极易引起共鸣。第三类是"十点半地铁上的乘客"，如歌词所言，"这是我唯一不失眠的地方"，任何沉重烦忧在十点半的地铁上都可以"暂时放放"。

三类不同的人群，面对不同的生活困境，却都有着相似的心境。而在这番与生活的对照之后，我们再回看《荷塘月色》，或许能对作者产生更为强烈的共鸣。

📺 课堂实录

（一）下班后坐在车里的中年人

什么样的人和朱自清很像呢？这让老师想起了一类人，就是那些下班后开车到家一定会待在车里听完整首歌或抽完整支烟的中年男人。这里很关键的一点就是待在车里。"车"这个空间对于中年人来说，类似于荷塘对于朱自清。

在上车之前他的身份是什么？可能是职场当中的打工人，面对着工作中的琐碎事务，让他感到特别烦心。那下了车回到家以后呢，为什么不能回家？家不是温暖的港湾吗？在家里他的身份又是什么？

不同于刚毕业的年轻人，中年男人的身份可能更加多元复杂。他的身份可能是丈夫、儿子，也可能是父亲。也就是说，在他回到家之后可能面临的又是生活的柴米油盐酱醋茶，是生活的琐碎与一地鸡毛。当然，中年女人也有类似处境。这对他们来说，都是相当重的心理负担。

而只有在车里的那片刻，他可以谁都不是，什么身份都不在乎，他可以只是他自己，只需要静静地听完一整首歌，静静地抽完一整支烟。"像今晚上，一个人在这苍茫的月下，什么都可以想，什么都可以不想，便觉是个自由的人。"而这也是朱自清在荷塘感受到万分美好的关键缘由。

（二）周六晚在家的中学生

当然同学们毕竟都还不是中年人，可能对此无法完全感同身受。但此刻我们也可以观照一下自己的生活，在现阶段的生活中，有没有让你感受到完全自由的时刻？比如每周回家时，让你感到最放松自由的时刻是什么时候？

或许只有周六晚上可能相对是放松的。因为周日的早上你两眼一睁，就已经进入了学习的焦虑状态，会想着还有很多作业没写好，想着再过几小时就要回学校了。所以周日上午，你是很难完全自由放松的。唯有周六夜晚可以暂时放空自我，去散步、去游戏、去刷剧、去看书等等。而这些都是短暂自由心境的体现。

对于朱自清来说也是如此，只有在那短暂的半个小时左右时间，在他面对荷塘独处的时候，他才能获得一种自由空间和时间。因为这一刻他谁也不是，他只是他自己，在享受着荷塘的月色而已。

（三）十点半地铁上的乘客

最后再延伸一下，很想和大家分享一首歌——《十点半的地铁》。这首歌由于歌作词、刘锦泽作曲，李健翻唱。这首歌很打动人的设定在于歌词所描绘的晚上十点半时分的地铁，其实也是一个类似荷塘的空间。

"十点半的地铁，终于每个人都有了座位。温热的风，终于能轻轻地静静地吹……我也疲倦了，这是我唯一不失眠的地方。沉重的烫手的在这里都可以暂时放放。"

这是身体无比疲惫但心情却又十分安定的瞬间。对于这些乘客而言，

在上地铁之前他们可能刚刚结束了一天的工作，下了地铁回到家里也是
类似前文中年男人的情况，有很多家中的琐碎等着他去解决。

    我曾看到这样的一段对话。一学生暑假到北京旅游，去了清华大学，
打电话跟老师讲："荷塘根本就没有朱自清写得那么好！"老师答："朱
自清先生写的是晚上的荷塘，有月光才好看，而你是在白天看的荷塘……"
    我们学习这节课后就清楚，这位老师的回答其实是错误的。因为荷
塘也好、月色也罢，都不是最重要的。最重要的，是那份暂得片刻自由
的心境。

听众妙评

@我不叫西米：孤独是一等的自由。

@小莹 Serein：作为一名学生，感觉只有晚修回家之后路上的时间是自由的，哪怕是眯一会儿，或者是背一下书，比在学校舒坦太多了。抑或是偶然看到的落日熔金，想用双眼记录下这一刻短暂的美好，就很好。为数不多的小确幸，为数不多的闲暇。

@被迫卖萌既遂：上次感受什么身份也没有时的自由感是什么时候，是什么样子的呢？我真的很难讲。要我做的事和我要做的事已经重叠，分不清是我喜欢的还是我应该做的，不知道现在是自由的还是被规划的。文学已离我远去数年，远离文学会使感受自由变得迟钝。不过老师的春风化雨，又让我想到了"文学"这二字。看完这个视频，也许我会在下一次碰到"自由"时敏锐地捕捉到它。

2

"或许我们追求了一生，仍要从追求本身寻找"

《庖丁解牛》课堂一瞬

教学设想

　　庄子的文章理解上很有难度，不仅仅在于字词解释，更在于其背后传递的思想。在备课过程中，我翻看了很多他人的解读，有些过于高深莫测，有些则是让人云里雾里，差点把自己绕进去出不来。最后选择从"人与社会""人与他人""人与自然""人与自我"四个方面来解读这个故事，同时在讲述过程中，尽可能结合更多现实案例，去贴近同学们的现实生活。

　　对我个人而言，最有启发的还是在"人与自我"这层。"依乎天理，因其固然。"我们常说"要做自己"。但前提是了解自己。**你是否认真探寻过你的"天理"是什么？**你的"固然"是什么？你究竟适合做什么样的事，成为什么样的人？这个问题真的很难回答，或许我们穷其一生都难以找到那个正确答案。

📺 课堂实录

　　这几天老师一直在外面出差，在出差的过程中，一有空我就会去翻看《庖丁解牛》的原文，看别人对它的一些解读资料，但是越看就越觉得这里边太博大精深了，以至于今天在上课之前我都非常忐忑。因为我怕我说出来的依旧是非常浅显的，但是就目前的实际情况来说，我只能理解到这一层。待会儿我会跟大家分享我目前理解到的内容，它未必完全准确，但是如果能够给到你正向的启发，那你就可以吸收进去；如果你不认同或者有所质疑，也可以课上提问或课下来找老师交流。

　　首先我们要明白一点，今天我们来读"庖丁解牛"这个故事，它一定不会仅仅只是停留在"熟能生巧"这个点上。为什么？从教材的编写上来看，我们在初中已经学过能够代表"熟能生巧"这个道理最典型的那篇文章——《卖油翁》。那如果说我们高中再学一篇课文，依旧再去熟知这个道理是没有意义的，所以我们一定要跳脱出"熟能生巧"这个话题。其实原文有一句话已经告诉了我们这篇文章的主旨——"臣之所好者道也，进乎技矣。"

今天我们要琢磨清楚：这篇文章中蕴含的"道"究竟是什么？对这一问题本身，可进行多元化解读。在此之前，我们需要明确"庖丁解牛"这一典故所涉及的两个主要方面：一方面是代表主体的庖丁，另一方面则是代表客体的牛。在现实生活中，每个人都是一个独立的主体，而我们所接触的外在事物则构成了客体。这些外物包括自然、他人与社会等。这就构成了人与社会、人与他人、人与自然以及人与自我的四重关系。接下来，我们将这四个方面与《庖丁解牛》中的关键概念进行对照分析，或许能更深入地理解其含义。

（一）人与社会

首先，我们来看"人与社会"的关系。这是同学们课前讨论最多的话题，也就是当个人理想追求与社会现实产生碰撞反差时该如何处理的问题。

罗曼·罗兰曾经说过："真正的英雄主义，是在你认清生活的真相之后依旧热爱生活。"在接触社会之初，我们可能对社会有一个自认为全面的想象，这对应的是初期的"目有全牛"阶段。但当我们真正进入社会，我们会看到社会的各个层面，既有积极的一面，也可能存在诸多问题。当我们知晓得越来越多，了解得越来越深，最终是否还能以初心对待遇到的困难和挫折？先前有同学提出了一个观点，认为我们应该学会"避其锋芒"。这是否意味着我们应该变得圆滑或八面玲珑，遇到困难就回避，在工作中遇到难题就推脱不干？显然不是。避其锋芒是一种选择，但这并不意味着我们要完全逃避生活中的困难。"庖丁解牛"中提到了一种解决方式——"以无厚入有间"。**这意味着我们要把自己的那把刀磨砺得足够锋利、足够轻薄，才能应对生活中的各种"节"。**

这把刀又究竟代表着什么？有人解释说，可以从养生的"生"引申到"性",再到个人的"精神",或许这把刀意味着我们应该磨砺自己的精神世界,努力去寻求精神自由。尽管外在社会可能带来许多束缚和框架,但我们仍应在精神世界中努力寻求自由。或许只有这样,我们才能在纷繁复杂的生活之中找到一丝空隙,实现"游刃有余"的状态。这是我们要讨论的第一重关系:人与社会。

（二）人与他人

第二重关系是人与他人。在与身边人的相处中,包括父母、朋友、老师等,我们是否能发现或遵循其中的"道"?以师生关系为例,去年9月老师初次见到大家时,我认识了你们,知道你们的样子,但那时我并不了解你们。这也是"目有全牛"阶段。随着时间的推移,我了解了你们的性格、爱好、学习能力等,但这些也只是你们的一部分。即使每个部分都组合起来,也不是完整的你们,因为事实上你们身上还有许多我现在不了解的部分。

都说最好的教育方式是"因材施教",即必须"因其固然",**发现、尊重每个人的个性**。当下的评价体系可能相对单一,考试后的排名和数据似乎代表了一切,但这些排名和数据并不是同学们的全部。在这些数字背后,还有很多其他无法用数字体现的内涵。

同样的问题,父母是否足够了解你?你是否足够了解父母?在亲子相处的过程中,我们势必会产生许多碰撞和摩擦。在遇到矛盾时,我们又该如何处理?有些不必要的矛盾是否可以直接避开?有些需要直接面对的,我们是否有可能更有效地解决?

庄子说我们应保持"怵然为戒"的心态。这句话给我们的启示是,在面对人际关系时,我们是否能保持一种"谨慎"或者说相互尊重的态度,学会给彼此留有余地。父母是否能给你一些空间,你是否也能给父母一些空间?这是我们要讨论的第二重关系:人与他人。

（三）人与自然

第三重，关于人与自然的关系，这是最容易理解的，即人类能否在尊重并遵循自然规律的前提下，实现与自然界的和谐共存，努力做到"依乎天理"。比如，过度的开发和利用往往导致生态环境的破坏和自然资源的枯竭，进而引发诸多环境问题。当下被反复提及的可持续发展之路，才是实现人与自然和谐共存的重要途径。

除了这三重关系之外，我们还需探讨人与自我之间的关系。在这一层面上，我们如何界定主体与客体？人能否同时是主体与客体？传统文化里有类似"物我合一、物我两忘"的表达。我们又该如何理解这一点呢？

（四）人与自我

几千年前古希腊德尔斐神殿里有一块石碑，上面写着**"认识你自己"**。苏格拉底将其作为自己哲学原则的宣言。或许我们每个人都要问问自己，如果他人无法完全理解你，你是否真正认识自己？你对自己的认识达到了三个阶段中的哪个阶段？是目有全牛、目无全牛还是以神遇之的阶段？

不知道大家有没有过这样的体验：有一天突发奇想，当我长时间凝视自己的名字时，我发现这个名字变得越来越陌生，以至于我对我自己也感到陌生。我常常会想，如果我是生活中的另一个人，遇到我自己，会如何评价我？**是否会喜欢跟自己做朋友？**抑或我是一个异性，**我是否会爱上我自己？**这并非自恋的表达，而是探讨在认识自我的过程中，一个人是否能够超越表面的观察，真的能"以神遇而非目视之"，综合评判自己。我们终其一生都在探寻：我的"天理"是什么，"固然"是什么？自己究竟适合做什么样的事，成为什么样的人？这是难以回答清楚的问题，许多人可能穷其一生都难以找到答案。

在这个过程中，我们应该保持怎样的心态？仍旧是"怵然为戒"的心态，即以谨慎小心的态度对待自我的每一次发现。这与我们传统中的"慎独"概念相似，在一个空房间里只有你一个人的时候，独自面对自己时，你会作何选择，又会如何评价自己？

我们每个人常常会陷入一种无来由的情绪低落状态，该如何调节？庄子提出"以无厚入有间"，即努力找到那些留有余地的空间，通过更多精神的自由去摆脱困境，或许这样我们能够真正达到与"道"相符合的状态。

听众妙评

@东方的东52：庖丁解牛，表面上是解牛，实际上是护刀。答案在最后一句——"得养生焉"。刀指的是人，是天性纯良未经世俗的我们。我们必然要面对困难、经历挫折，如同庖丁解牛，族庖月更刀，不得道的人也能解牛，却往往折刀，原因在于未能看破牛的机理、牛的有间，不得道而为之，事倍功半。相对而言，只要洞悉牛的关节厉害之处，就可以无厚入有间，一十九年仍锋利如初。愿你我历经沧桑巨变，依然初心不改。

@我最爱吃小肉丸儿：用"留有余地"去理解"以无厚入有间"。在人与他人的关系中，将交往这件事情本身看作一种主客体（姑且这么说）的相遇，要做到留有余地，这是有间；那无厚是什么呢？根据老师的意思，或可以解读成不要抱有偏见、成见。如果被一种评价标准影响太深，那么会形成一种观念上的"厚"，所以在人际交往这个例子中，庄子或在启发我们要放下偏见，认识到在一个个具体的框架之外，他人的主体性依然存在。

3

"跳出自我，
看见无穷的远方与无数的人们"

《春江花月夜》课堂一瞬

教学设想

"江畔何人初见月？江月何年初照人？"这是我个人在这首诗当中最喜欢的一句，也是常常能帮我从低落情绪中剥离出来的一句。当我们被眼下的困难、琐碎所困扰而焦虑时，**不妨"跳出来"**，站在更为久远的生命历程乃至历史长河中来看自己，来看眼下所遭遇的一切，或许人的心理感受会大不相同。

人生有些时候，需要这样把时间刻度拉长，这能让我们从那些无关紧要的小事中解脱。当然，有时也需要把时间刻度缩短，无论外界如何，只需要认认真真感受当下、拥抱此刻，抓住"一瞬"。这两种看待时间的方式对立而又统一，都是改变自我心境强有力的方式。

🖥 课堂实录

"江畔何人初见月？江月何年初照人？"

这句话一下子把意境提升了，原先我们看到江水流逝这样的场景，更多的是把目光聚焦到自己身上。无论是《论语》里那句"'逝者如斯夫！不舍昼夜'"，还是苏轼在《赤壁赋》中所说的"哀吾生之须臾，羡长江之无穷"，更多看到的是自我生命的短暂。

　　但有些时候，我们其实可以尝试跳出自我的局限，看看更长时间跨度中的自己到底是怎样的。**在漫漫历史长河中，究竟是谁第一个看到月亮？这个月亮照到的第一个人又是谁**？

　　当我们局限在个体之中时，往往很难摆脱当下的困扰。我们经常会有这样一个状态，假期结束，来上学或者来上班的时候，心情并不会太好，甚至会很焦虑、很颓丧，不断哀叹假期怎么会如此短暂，未来的一周显得漫长而又可怕。这时我们不妨想想这句诗。每当这个时刻，你可以尝试"跳出来"，所谓的"跳出来"是你可以想象自己好像灵魂出窍一样，另一个虚幻的"你"跳了出来，站在真实的你的上空看着你，也看着眼下让你很焦虑很惶恐的事。如果把这件事放在你漫漫的人生长河当中，它算不算得上是一件大事？算不算得上一个永远过不去的坎？

　　而事实上，大家也已走过人生的十七年，曾经你觉得人生当中肯定过不去的坎，譬如那些考得极其糟糕害怕家长责备的考试，那些没有写完害怕老师惩罚的作业，那些难以澄清害怕失去挚友的误会，**它们其实最终也都能过去**。所以这时候再来看每次假期后的返校，它不就是回来上个课、上个班吗？它没法伤我一根毫毛，又能奈我何呢？

　　这句诗还为我们展示了一个更为宏大的视角：你甚至可以跳出个人的时间线，站在人类历史长河当中。这时，你眼下所面对的那些苦难算什么呢？此刻你会迅速感受到自我的渺小，这种感受类似于登高望远。这就会有两种结果：**一种结果是它会让你更焦虑；但更多时候，它会让你更释然**。你可以常常这样做，当你面对人生某种困境的时候，就可以跳出来去看看此刻。

　　这也是张若虚此刻所做的，他跳出了自我的局限，看到的是漫漫历史长河中的自我，此时仿佛斗转星移，在同一片月光下，闪现过无数过往的身影。

⊜ 听众妙评

@ABC 爱中文：多年前的一天，我一个人等车时读《三体》，当读到叶文洁终于收到三体回复的信号时，眼前的车流啊人流啊就突然变得很渺小很渺小，突然觉得这世间的所有烦恼也都很渺小很渺小。直到现在，偶尔路过那个车站，我还是会很激动。好像我是在那里和叶文洁一道发现的地外文明。您讲《春江花月夜》，讲那种因为遇见让我们能跳出世俗去开阔人生的心境，是多么美好而难得。

@叶庆舒渡：当时读到这儿的时候想到的是李白的"今人不见古时月，今月曾经照古人。古人今人若流水，共看明月皆如此"。个人意志的消沉放在历史长河中得以消解，也是一剂不错的止痛药。

4

"当我开始拥有的时候，
我就开始害怕失去"

《锦瑟》课堂一瞬

📖 教学设想

　　李商隐写过很多首无题诗，这首诗其实也算是无题，因为题目《锦瑟》只是取首句前两个字。而无题诗最大的难点就在于，作者想表达的情感过于含混，欠缺明确的聚焦点，从而导致读者在分析其情感时失去方向。

　　但既然是无题，那就不如聚焦"无端"。或许这种情绪、迷惘就是"无端"的。无端陷入回忆，无端溺于梦境，无端害怕失去。

　　"无端"正是因为心中"有情"难以纾解，迫不得已而为之。

　　所以尽管关于这首诗的主题众说纷纭，有"悼亡说""恋情说""自伤说""咏瑟说"等等。但其实我们不需要成为考据派，不一定要去考究清楚到底是何种情。

　　就像是电影《信条》中那句经典台词，"不要试图去理解它，去感受它"，这就可以了。

课堂实录

（一）无端陷入回忆

"锦瑟无端五十弦"，关于五十弦，有人认为五十弦的乐器是不存在的，是诗人凭空想象的，因为传统乐器大多是二十三弦或二十五弦。也有人认为是把二十五弦的锦瑟一刀两断劈开，刚好是五十弦。古时以琴瑟比喻夫妇，故称妻子去世为"断弦"。若夫再娶，则为"续弦"。

也有第三种理解，所谓"无端"，就是没有来由的。他看到的就是五十弦，有人说可能是他泪眼婆娑，眼泪重影所致，也可能他就是想写五十弦的瑟。不必深究，因为真正无端无来由的是什么呢？是写这首诗的人，**他此刻的情绪是无来由的，无来由地悲伤，无来由地陷入回忆当中**。

"一弦一柱思华年"，每根弦柱都让人想起过往的岁月。为什么？有两种可能，其一是睹物思人，看到眼前的锦瑟，想起了曾经使用它的那个人。还有一种可能，锦瑟毕竟是乐器，一弦一柱弹奏出的乐声，让我不禁想起当年听这首曲子的心境和情绪。

我们自己肯定也有类似的生命体验，你在小学或初中或更早的时候听过某一首让你印象深刻的歌，以后每一次当你听到这首歌的时候，你就会想起那个场景。

像老师以前上初中的时候，有两首歌印象就很深。第一首歌是在每天晚上睡觉前，寝室区都会放的一首铃声——周杰伦的《夜曲》。"为你弹奏肖邦的夜曲，纪念我死去的爱情。"这首歌本身是很悲伤的，但是那会儿我会觉得很温暖，因为只要听完这首歌，我就可以结束一天疲惫的学习，躺下睡觉了。这是我的主观感受，跟这个乐曲本身悲伤与否是不相关的。还有一首歌是我们初中班主任选的班歌——张韶涵的《隐形的翅膀》。那会儿每周日晚回到学校自修，班主任第一件事情就是让大家先合唱《隐形的翅膀》，"我终于看到，所有梦想都开花，追逐的年轻，歌声多嘹亮"，借此来激励同学们为了自己的梦想努力奋斗。所以每次我听到这些歌的时候，就想起当时的场景，或许这就是"一弦一柱思华年"，**把思绪拉回到过往美好的回忆当中**。当然，诗人在回忆什么，是什么让他久久难以忘怀，这点目前我们不得而知，但可以想见的是，一定是对他生命极其重要的某个人或某件事。

（二）无端溺于梦境

"庄生晓梦迷蝴蝶"，庄生梦蝶的故事我们已经很熟悉了。但这句诗的重点并不仅仅在于庄生梦蝶这个故事本身，还在于多出的这两个字："晓"和"迷"。"晓"是清晨，清晨介于梦和现实的中间，人往往将醒未醒。清晨的梦往往有个特点，真实感很强，让人陷入迷惘，以至于分不清眼前到底是梦还是现实。

在电影《盗梦空间》中有这样一幕场景，一些生活贫困的平民终日靠着药剂去做梦，进入应有尽有的梦境世界，他们时常沉浸在梦中难以醒来。主角问药剂店的老板："这些人每天都来做梦吗？"老板回答说："他们来这儿，是为了醒过来。"此时对他们来说，梦境已经成了他们的现实世界，谁又能说梦境不是现实呢？梦境已经比现实美好太多了，所以他们**宁可沉浸在梦境当中，而现实才是那个挥之不去的噩梦**。

对于李商隐来说可能也是一样，陷入回忆中去，就好像回到虚幻的梦境里面。在回忆中，他反而有一种难得的真实感，迟迟不愿醒来，因为在醒来之后他要面对的是什么呢？

是更加痛苦的当下。

关于痛苦的表达方式有很多种，可以是"望帝春心托杜鹃"，像杜鹃一样去不断地啼鸣，直至啼出血来。也可以是"沧海月明珠有泪"，像鲛人落泪一样，不断地用眼泪表达痛苦、抚慰自我。

"蓝田日暖玉生烟"，其实我们可以把这句跟"庄生晓梦迷蝴蝶"对应起来，"梦"和"烟"是极其相似的，两者同样虚幻，让你迷失其中。同时，梦、烟、雾都是人抓不住的，是虚幻的存在，都是"可望而不可即焉"。所以只能醒来之后继续陷入无来由的迷茫中去。

（三）无端害怕失去

"此情可待成追忆，只是当时已惘然。"这句话究竟该如何理解？很多人将它理解为"现在我能想起当时的美好，但当时身处其中的我其实不自知"。像同学们举的很多例子都是说想起以前初中、小学很美好的一些事情，当时并没有什么特殊感受，但现在回想起来觉得实在是太美好了。用现在很流行的一句话就是，"人无法同时拥有青春和对青春的感受"。

但这句诗真的是在说这个意思吗？"只是当时已惘然"，已经说明了他当时就已经感受到了这种惘然情绪，并非不自知，那为什么现在反而更遗憾了呢？

我们之前分享过，有同学在随笔中写，有一次周末的时候约上了以前的同学，大家好久不见，一起说了很多话，干了很多事，吃了很多好吃的。但在某一瞬间，他突然感觉到无比的落寞，因为一想到几小时后，他们就又要分开了。此时他像一个旁观者一样，看着眼下美好的一切感觉很幸福，却又为即将到来的分离而失落。

这就是当一个人**开始拥有的时候，就开始担忧失去，就开始为失去而痛苦**，这或许是这句诗更想表达的。作者在过去的那一刻，已经能够想到未来某一天一定会是惘然的，因为他当时已经感受到了这种惘怅。

现在多年以后再回忆这一刻时，果然这种情绪是真切的，但是只恨自己当时身处其中没有更好地去把握去珍惜，这是一种遗憾。就好像我们同身边的人相处，和朋友也好、和家人也罢，总有一天都要分离，尤其想到父母大概率要先于我们离开这个世界，想到那一刻的时候，我们的感觉肯定也是惘然惆怅的。我们已经提前预感到这种难过，但当这件事情真正发生的时候，其实只会更难受。

　　作者想要传递的那种悔恨、痛苦、虚幻都在这一首诗当中不断地呈现。至于这种悔恨与痛苦究竟来自什么人、什么事，这并不重要，我们也无从考证。因为只要作者试图传递的这些情绪与感受，我们能够与之共情，就可以了。

听众妙评

　　@Charipature：之前理解过很多遍《锦瑟》，第一次被感动哭，老师讲得特别好。课堂中的三小节用了三个"无端"，反复强调让我突然感觉：其实李商隐并不是无端，什么原因他心里是知道的，只是人们在面对痛苦时会潜意识压抑自己。所以好似李商隐是"无端"的，处于被动回忆状态，其实都是跟着内心感觉回忆这些事情的。而需要潜意识压抑的痛苦，也比往常的痛苦更为强烈。

　　@书承吖：我对五十弦有两种理解。一，《史记》卷二十八："泰帝使素女鼓五十弦瑟，悲，帝禁不止，故破其瑟为二十五弦。"再有李贺《上云乐》："三千宫女列金屋，五十弦瑟海上闻。"因此，未必没有五十弦的瑟。且瑟多是二十三弦或者二十五弦的，所以有可能李商隐是见到五十弦的瑟感到惊奇，开篇发问。二，五十弦可能是两把琴。都说感情好为"琴瑟和鸣"，但瑟瑟和鸣也有美意，所以可能是在隐喻，之前两人，一人一琴二十五弦，如今一人故去，只他一人独享两把琴五十弦。最后，弹幕中有人说可能是眼泪重影的缘故，也是很精彩的解读。

5

"木秀于林，
风欲摧之又如何"

《〈老子〉四章》课堂一瞬

教学设想

　　这节课的教学起点仍旧是来自备课的困惑，教材下方对"自见者不明"的注解是"自我显露的不能显明"。我读了很多遍，还是无法理解这句话，同学也有类似困惑，尤其是对"明"的理解。因此我另辟蹊径，在前文第三章中找到另一句"自知者明"。从"不自知者"来理解"自见者"就清楚多了。

　　那些越是喜欢自我显露的，反而对自我能力往往是不自知的。即使因为表现自我得到了偶然的关注，也会因为真实能力的暴露很快陨落，之后很长一段时间不会被人看见。所以关键还是在于自知，在"自知"的基础上适当地"自见"，才有可能真正地通向"明"。

📺 课堂实录

（一）"自见者不明"

"自见者不明"，对于这句话，教材下方注解是这样翻译的："自我显露的不能显明。"这句话属于我们每个字都认识却难以理解的典型情况。

我们不妨先做一个转换，因为在这篇《〈老子〉四章》中，有另外一句话告诉我们什么是"明"的，在前文第三章里有一句"自知者明"。若自见者不明，自知者明，转换一下，自见者应该等于不自知者。喜欢表现自我的人，其实是不了解自我的人，这样的人是不明智的人。

那我们不禁要思考：**自见者可不可以同时是自知者呢**？喜欢表现自我的人，他可不可以是了解自我的人呢？

在此我们可以举一个更具体的例子，学校每年在高三年级，都会有一场百日誓师大会。一般会邀请一些校外励志演讲专家，带着大家一起加油鼓劲。同时专家会非常热情地邀请同学们到台上来做一件事情，就是对着全校同学大声地喊出来："奋战百天，我要上某某某大学！"

首先愿意主动上台喊话的同学，肯定是属于愿意表现自我的同学，对应文中的"自见者"。那我们就要界定这样的"自见者"是不是一个"自知者"。自知分为两方面的自知：一方面是对自我能力水平的自知，一方面是对自我性格心性的自知。

这件事我们不要直接定性说这是好或不好的一件事情，我们可以做一个分类讨论。

第一种情形，"自见者"可以是"自知者"。他很了解自己的水平，他知道自己的水平大概是在这个层次，他想考的学校跟他的真实水平相对接近，是努力跳一跳也有可能达到的。同学上去，对着大家说出目标，是希望能够借此更好地激励自己考上理想大学。在心理学中这叫"**公众**

承诺效应"（Public Commitment Effect），当我们公开承诺后，能够提升自我效能感，同时增强社会压力及责任感，目标达成的可能性也就越大。这是第一种情形。

第二种情形，"自见者"也可以是"不自知者"。这个同学上台喊话的目的，或许是带着一种哗众取宠的目的。他上去喊更多是逞一时威风，为了让所有同学发出那个"哇"的赞叹声和鼓掌声，他享受那一刻，甚至会觉得当他说出那个目标，就等于他完成了那个目标。这是第二种情形。

不同的人有不同的性格。有些同学会更希望把目标藏起来——"韬光养晦"，默默努力。等他真正做到的时候，再告诉大家"一年以前我写下的这个目标，我达成了"。如果你是属于这类性格的，一时兴起上去喊了，或许之后目标真正达成的成就感会淡化很多，因为目标得以实现后的那种被肯定、被赞扬的快乐已经提前兑现了一部分，大脑会产生一种提前满足感，相应的激励作用就会少很多。同时你也需要做好承受来自他人的压力和期望，以及个别人的负面反馈和质疑。

这也是为什么老师之前给大家拍"十六班的理想生活"这组照片的时候，没有强求大家一定要写理想大学，这是每个人的选择。有些人觉得写了对自己来说是有正向激励作用的，那就把理想写出来；有些人觉得写出来之后反而会有压力或负担，那就可以不写。这一切取决于你对自我到底是自知还是不自知。

传统思想往往强调的是"枪打出头鸟""木秀于林，风必摧之"，一直在告诉我们不能够过分地去显露自我。但是在当下，我们也鼓励大家更多地去展现自我。如果你过于隐藏自我，你的能力可能是很难被发现的。设想以后工作的时候，你身边有一个爱显摆的同事，其实是你干了大部分事，但最后是他向老板去汇报。老板反而觉得这个人不错，而你因为自己的退让、低调而没有得到相应的回报，这是非常遗憾的。

所以怎样的情形才算是真正的"明"？**当你是自见且自知者，亦可以明。**

（二）"千里之行，始于足下"

这句话我们从小就很熟悉，或许在大家小的时候会更多认为它讲的只是积累的重要性。现在再来细读这句话，会不会有一些新的感受？

有时候有些事你只要迈开脚去做就行了，不必要想着能不能到达终点，能不能走得漂亮、走得顺利，**只要迈出一开始的那一步就可以了。**

很多时候我们常常会拖延，譬如明明有很多作业等着你完成，有很多书等着你去背，但你还是会忍不住去打游戏、刷短视频。这种短暂的即时快乐始终会让人有一种隐隐的担忧，这也是情绪的内耗。一边内心满是焦虑，一边又放不下手机。而相对应的，在你基本完成一件事情之后，再去做这些消遣的事情，那种内心的轻松感是完全不一样的。

所以很多心理学家的研究结果跟老子的观点很类似。怎样去克服此类拖延？只要你心里一担心起那个事，你就起身去做那个事就好了。这时不要想着要把这个事做多好。面对很多作业时也一样，不用想着做完，只要动起来就好，哪怕是写一个字也行。而事实的情况往往会怎样？只要你坐在书桌前，翻开书，开始写下第一个字，一切就会自然而然地继续下去。

刚开始那一步是最困难的，但你只要迈出那一步，千里之遥，亦不在话下。

🗨 听众妙评

@darkmirror 天蝎："不自见，故明"，"自知者，明也"，在我看来这是从"不自见"到"明"再到"自知"的过程。这里隐含的是，"自见者"永远不可能成为"自知者"，但是"不自见"也不是立刻成为"自知者"的。歌中唱道"爱拼才会赢"，"自见者"是好赌的，赌就有输赢，所以才说"物或恶之"，"自见者"永远不可能成为"自知者"。

@是未晞不是末晞：老子那个时代，战争频仍，自见者想着有所作为，冲锋陷阵，容易成为时代的牺牲品，甚至让世界更加生灵涂炭。老子重"养生"，不以名利害生，所以他才反对自见吧，人人都不自见，那么社会就不会出现争，不争，故能实现大同。

6

"疗愈人们的往往是悲剧而不是喜剧"

《窦娥冤》课堂一瞬

📖 教学设想

在备课查找资料时，看到《窦娥冤》三种不同版本的结局，其对应的"悲喜"程度各不相同。教材版本对应的结局恰好是在悲喜之间，属于"大悲"后又带来些"小喜"。再结合学生平常讨论热烈的"BE 美学"来对照分析这三种结局，引导学生思考悲剧结局和喜剧结局的各自优劣。

从课堂反馈来看，学生并未如预想中一边倒地偏爱"喜剧式"结尾，反而有相当多的同学钟爱"悲剧式"结尾。虽然学生在故事结束的瞬间会怅然若失，但悲剧式结尾的后劲往往更足，也能带给人更多深思的空间，促使学生反观自己的现实生活，从中汲取更多的启示。

📖 课堂实录

现在有一个很流行的词，叫"BE 美学"。"BE"代表"Bad Ending"，即悲剧结局，对应的还有"HE"（Happy Ending，喜剧结局）和"OE"（Open Ending，开放式结局）。若从这种现代视角来审视《窦娥冤》三个版本不同的结局，你会更喜欢哪个？

第一个结局，是以（原作第三折）"三桩誓愿灵验"作为故事的终结，即血溅白练、六月飞雪、大旱三年。这个结局中窦娥最终还是付出了生命的代价，同时冤情并没有得到洗刷，是三个结局里最"BE"的结局。但有人认为这种结局更能让老百姓深刻意识到官僚的腐败和社会的黑暗，其主题批判性是最强的。

第二个结局，是明代叶宪祖将《窦娥冤》改编成《金锁记》的版本：窦娥丈夫并没有死，而是在赴京赶考途中落水被救。三年后入京赶考，高中状元。而窦娥在行刑时，因天降大雪，提刑官惊骇，急令刀下留人，得以不死。最后窦天章平反冤狱，窦娥得以昭雪获释，与丈夫舟中相遇，父女夫妻欢庆团圆。很显然这个结局属于"HE"，迎合了国人对大团圆式喜剧结局的偏好，至少在观看时非常愉悦。但也有人认为这种结局不够合理，因为它颠覆了作者对人物、情感和情节的原有设定，辜负了观众在阅读过程中已形成的心理预期。

至于第三个结局，即原书的结局：窦天章中状元后，作为巡吏到地方查案，窦娥鬼魂给父亲托梦，最后洗雪了冤情。这种结局似乎介于悲喜之间。那究竟哪种结局会更合适？

包括现今许多影片和文艺作品，都在探讨悲剧和所谓的"BE 美学"。悲剧所蕴含的力量究竟是什么？为何有那么多人愿意接受悲剧？（生答：喜欢"BE"结局的原因在于，看完之后感觉整个人的心灵得到了很大的冲击，很震撼。或许是因为往往"HE"在现实中好像不太会实现，并不符合现实，"BE"能让自己更清醒。）

　　同学提到的"震撼"一词，其实很准确。古希腊哲学家亚里士多德曾在《诗学》中提出"净化说"，认为悲剧通过激发观众的怜悯与恐惧，使其情感得以疏导与升华，达到心理上的净化。震撼所带来的"净化"至关重要，正如当我们目睹高山或大海时，内心会受到一种"崇高"的震撼。这种震撼的效果就是让人意识到个体的"渺小"。换言之，当你看到了一个足够悲惨的故事结局的时候，你会发现自己活得其实还是挺幸福的。在这种比较中，带给人的是一种治愈感。当然，也不是所有的人感受到的都是治愈，有些读者阅读悲剧后反而会感到生活如此糟糕，自己的生活如此混乱，那么悲剧带来的可能是一种"致郁"的效果，让人更加难受。因此，所谓的"BE 美学"，会带来不同的冲击。

　　尽管大团圆的"HE"结局受到许多人的喜爱，但它的问题在于批判色彩的缺失。这样一比较后，我们发现原书的处理方式实际上符合我们传统的"中庸"思想，在"大悲"之后给予读者一点"小喜"，**用这"小喜"来稍稍冲淡悲剧的氛围**，使读者在读完故事后，既能感受到心灵的震撼，又不至于内心过于悲伤，以至于"致郁"。这是我们中国文学传统中一个非常重要的观念，即"哀而不伤"。

🗨 听众妙评

　　@小黄今年要谦虚：为什么悲剧比喜剧更加疗愈？恰恰因为这更加契合人生与命运的现实与不可抗性：人有悲欢离合，月有阴晴圆缺，此事古难全。悲剧更像是一个"人"用他的悲惨结局教会读者如何更好地活着，或许这也是一种"死亡"的意义吧。

　　@槿酿 Estelle：悲剧似乎真的比喜剧更加疗愈心灵。它带来的是看似身临其境、痛彻心扉的感受，但却不止于单纯的痛，是能让人看后有所思有所悟的痛。是不是人在悲伤时往往情绪更加丰富？就像诗人更多地在失意怅惘时借文字来排解忧愁，我们好像也是在难过时更喜欢写下点什么来舒缓心情，将烦扰的思绪化为具象的文字，释放这痛的感受，而后继续大踏步前行。

7

"何处合成愁，
离人心上秋"

学生随机拼诗挑战

📖 教学设想

　　上这节课的时候恰逢秋分日。在前半节课和同学们一起探讨了"自古逢秋悲寂寥"的深层原因。秋天确实是更容易诞生诗歌的季节。

　　后半节课的灵感来源是中央民族大学杨宁老师在"文学本质论"课堂上的一次尝试，当时听杨宁老师的课时，就觉得这种随机拼诗的形式很有意趣。**随机，意味着会出现不合常理的组合或陌生化的表达，反而更容易碰撞出诗意**。从课堂反馈来看，也是出乎我的意料。几乎每一次的随机组合，都能产生意想不到的效果。学生或是惊呼，或是大笑，一起感受文字重组所散发的诗意魅力。

课堂实录

（一）为何自古逢秋总会悲寂寥

又是一年秋分日，刘禹锡的这句"自古逢秋悲寂寥，我言秋日胜春朝"大家肯定都很熟悉了。但同学们可曾细想过，为什么逢秋往往就会悲寂寥，原因是什么？

或许和秋天到来的几种变化有关。

第一种变化，跟秋分有直接关系，就是**昼夜的变化**。我们知道秋分这一天是昼夜等分，往后的每一天都是昼短夜长。就像《古诗十九首》里的那句"昼短苦夜长，何不秉烛游"。古人的夜晚更加漫长，因为他们没有那么多的照明设备，普通百姓也不可能点蜡烛点一整晚，所以很多人在进入夜晚的时候，就容易多想，一多想就容易有愁绪出来，愁绪出来就容易有诗的产生。

夜晚容易感伤的情绪我们现在也会有，最近有一个很流行的词——"早 F 晚 E"。什么叫"早 F 晚 E"？早上起来的时候告诉自己，今天又是元气满满的一天，"Fighting（加油）"！然而到了晚上，经受了一天的学习、工作折磨，临睡前又会觉得这一天碌碌无为，人生迷茫，就开始"Emo（抑郁）"。

第二种变化，是**由盛转衰的变化**。一年四季时间的流逝，虽然冬天也很荒芜，但就像雪莱在《西风颂》里说的那句"冬天来了，春天还会远吗？"，冬天也会让人有一点点希冀。但秋天不一样，秋天会让人觉得我们马上就要进入难熬的冬天了，万物衰败，看着落叶飘零，满目萧条时难免会有一种落寞，慢慢也就会意识到，一年马上就要结束了。站在年末想着年初曾定下的那些目标还是没有实现，这一年又是庸庸碌碌度过，这一想，心情更是低落。

第三种变化，是**天空的变化**。所谓"秋高气爽"，如果你仔细观察秋天的天空，秋天的天空似乎显得特别高。如果说前两种变化都是时间上的影响，这一种就是空间上带来的影响。天空显得越高，就会让人觉得自己越渺小。**时间的流逝带来感伤，空间的渺小也会让人觉得无力。**这种感觉和"登高"是一样的，登上高处而感觉到自我的渺小。

第四种变化，是**人事聚散的变化**。在写秋的感伤情绪的诗词中，诗人常常会提到聚散离别的感伤。宋代词人吴文英曾写过一句"何处合成愁，离人心上秋"。什么是愁呢？秋心即为愁。而怀有秋心的这类人常常是离人，或许是他马上要离开家乡远行，又或者他本身就是在外的游子，此刻他会分外感伤。

民谣歌手赵雷的成名作《成都》里有一句歌词——"分别总是在九月"。分别为什么总是在九月呢？毕业季不是六月吗？六月才是常常经历离别的时刻啊。可是歌里为什么唱的是九月呢？九月是开学的日子，也是独自面对新环境、新挑战的时刻。或许等到两年之后大家去上大学的时候，当你在新的环境当中遇到不开心的时候，你就会怀念起过往的人和事，就像这句歌词的下一句写的那样——"回忆是思念的愁"。

当然还有一些变化，比如说秋天气温开始下降，人自然会感觉到一阵寒意。不过很重要的一点，虽然外在天气如此，但就如刘禹锡所说"我言秋日胜春朝"，**如果你的心情是明媚的，那秋天再萧条也可以变成灿烂的春天。**

（二）随机拼诗挑战

今天的前半节课跟大家聊了聊秋分。既然秋天和诗歌密不可分，后半节课我们就来一个跟"诗"相关的挑战，我把它称为"随机拼诗挑战"。

我们将全班同学分成两大组。一组的同学，写以"每当"开头的诗句；另一组的同学，写以"就会"开头的诗句。写好后，老师会随机叫人，当我们把同学写的两句诗句拼在一起，看看是会产生诗意，还是保持平淡表达。

生1：每当文字撞击在心头。生2：就会响起无用的哀号。

（感觉很能表达此刻很多同学的心情，想了好几分钟想不出一句满意的句子。）

生3：每当看到炉火在燃烧。生4：就会在心中荡起一丝涟漪。

（有一个强烈的反差，炉火在燃烧，但"我"心中竟然浮现出与"水"相关的意象——涟漪。兴许是回忆起了一些往事。）

生5：每当我放下画笔。生6：就会以阳光救赎玫瑰。

（可能是一位画家，钟情于绘画，他每天都在画室不知疲倦地画，但是有一天他突然意识到，"我"不能只存在于画室里，"我"也需要去感受这个真实的世界，成为那朵被阳光救赎的玫瑰。）

生7：每当我开始写作业。生8：就会想睡觉。/ 就会想起曾经的自己有多么轻狂。

（该同学一开始或许是出于害羞，没有读原先自己写的那句，而是现编了一句。"每当我开始写作业，就会想睡觉"，这是一个惯常的表达，并非诗意的表达。实际上他写的是"就会想起曾经的自己有多么轻狂"，这样的组合反而更好。当"我"在面对作业的时候，可能常常感受到一种无力和挫败，那就会让"我"想起过往的辉煌和轻狂。所以勇敢地读出自己原先写的就好了。）

生9：每当孤月照在落寞的街区。生10：就会被秋风吹得满头桂花香。

（孤月照在落寞的街区，此刻的"我"亦是黯淡孤独的，但是一阵秋风送来满头花香，让"我"感觉到，自己还是被这个世界吹拂着、温暖着的。）

生11：每当皓月当空。生12：就会 why so serious？

（万万没想到同学学了句英文，是电影《小丑》里的台词。皓月当空时，为什么要这么严肃呢？或许生活可以更放松一点，心情更平和一些。）

生13：每当山向我走来。生14：就会捡起身旁的树叶，深思自己的叶脉。

（想起古人说的三重境界"看山是山，看山不是山，看山还是山"。将"我"和自然建立起了某种关联，从自然中得到答案。）

生15：每当我思考真正的梦想是何物。生16：就会聆风诉说它的心事。

（答案在哪里呢？答案或许就在风中飘荡。）

听众妙评

@戚浔QX：这种氛围真的很舒服！让语文回归语文，让生活浸润在语文中。

@13cloud：特别喜欢"每当我放下画笔，就会以阳光救赎玫瑰"这句。起身给太阳让个道，阳光会让枯死在纸上的玫瑰重新绽放。

@17氯：孤月照在落寞的街角，秋风吹得你满头桂花香。燃烧的炉火，能否温暖你心中的涟漪？思念爬上心头，却落得烟尽雾散人去楼空。而每当你深思什么是梦想，却想起年少时的轻狂。但不要怕，他们会以阳光救赎玫瑰。最终山走向你，而你捡起身旁的落叶，深思自己的"叶脉"。

第五章

细节之力

字里行间，"细节"自有万钧之力。
设身处地，掩卷深思《烛之武退秦师》的言外之意；
林教头"黑化"前的隐忍细节，铺就命运转折之路；
《鸿门宴》上的剑拔弩张，情急一瞬尽显人心复杂；
《扬州慢》的清角与冷月，于无声处道尽黍离之悲；
《百合花》巧借细节重现温情；
《雷雨》透过回忆滤镜窥见人性；
学生拼贴诗、年末语文课，
用文字让片刻琐碎凝为永恒。

1

"设身处地，
掩卷思之"

《烛之武退秦师》课堂一瞬

📖 教学设想

这节课主要和大家分享了一种读史书的特别方式——设身处地，掩卷思之。也就是吕祖谦所说的观史"当如身在其中，见事之利害，时之祸患，必掩卷自思，使我遇此等事，当作如何处之"，让读者代入历史人物中去，设身处地想想自己在那种情形下会怎么做，再对照书中人物言行，比较出差异。

我一开始接触到这种读书方法，是在网上听台湾大学吕世浩老师讲授的《史记》系列课程。作为听众，我最大的感受是这种方式会极大地拉近自己与文本的距离。授人以鱼，不如授人以渔。把这种阅读方法分享给同学们，或许对他们更有助益。

从课堂效果上来看，整节课同学们的思维碰撞很激烈，在和书中人物的言行对比中，学生能更进一步感受各色人物的魅力。让学生明白故事中的每个人物都有其性格亮色，包括佚之狐、郑伯、秦伯、晋侯等，而非只有主人公烛之武一个人。

面对这样的文章，并不建议上来就讲字词翻译。一来翻译完，故事本身的可解读性就削弱了；二来这篇文章整体阅读难度不大，学生在课文注解帮助下普遍能读懂大概。所以可以依照王荣生老师的方式，对此类文本的字词先"分离"、先"放过"，后面教师再单独补一节课专讲难字词来应对考试，未尝不可。

课堂实录

南宋吕祖谦曾分享过一个非常有意思的读书道理，他说："人二三十年读圣人书，及一旦遇事，便与闾巷人无异……只缘读书不作有用看故也。"我们当下也是如此，读了很多年书，但当我们真正接触到社会当中的一些事情的时候，我们会发现很多读过的书好像都是没有价值的，书好像跟我们的生活是脱节的。这是什么原因呢？在吕祖谦看来，是因为我们没有很好地把读书和生活联系起来。

他给我们推荐了一个特别好用的办法："何取观史？当如身在其中，见事之利害，时之祸患，必掩卷自思，使我遇此等事，当作如何处之。"看这样的史书，我们很需要掌握的一项技能就是当你看到某一个关键处时，你先不要急着往下翻，把书本合上，你可以尝试代入书中人物想一想，**如果我是书中的人物，我遇到此种情形会怎么做**？等你想完了之后，再翻开书，对照一下书中人物的选择和你的选择有没有什么异同点。这样读书的好处是什么？它会不断地磨砺我们的思维，因为我们的大脑就像身体一样，如果长时间不训练也会退化。

回到《烛之武退秦师》的情境中来，设想若能穿越时空，以你的性格作为一名普通官员，面对各种选择，你会如何决策？我们需要穷尽所有可能性，然后与书中人物的选择进行对照分析。

（生1：如果我身为一名普通官员，面对这种情形，我可能会毫不犹豫地投靠秦国，因为郑国灭亡是迟早的事，我还是想要保全性命。）

（生2：如果是我，应该会建议郑伯能退则退，不要跟秦国正面对抗，可以割让一些城池来换得一线生机。）

在此情形下，其实存在两种大方向的选择。一种是如同学所言，我主动提出各种建议，无论可不可行；另一种则是保持沉默，因为这是国家大事，朝堂上那么多大臣，我可以选择不发表意见。在国家危难之际，许多人可能会选择保全自身，保持沉默，因为发言可能带来不必要的麻烦，所谓言多必失。

那现在我们对照一下佚之狐的选择，他向郑伯进言："国危矣，若使烛之武见秦君，师必退。"他没有选择退缩，而是勇敢地站出来提出建议。他提出的建议并非亲自上阵，而是推荐了烛之武。那么，对于佚之狐的这一举动，大家作何评价？

（生3：我不知道他这个人怎么样，如果他是那种阴险之人，确实就是"卖队友"的行为。）

在这一点上，确实有人因此来攻击他，甚至将他的名字谐音为"一只狐"，像一只老狐狸阴险狡诈。然而，我们或许不应恶意揣测佚之狐的意图，因为此刻他表现出极大的信心，断言"师必退"，这充分展现了他对烛之武能力的认可。其次，他敢于说出"师必退"这三个字，意味着什么？如果烛之武说服失败，秦军并未如他所言退兵，不论郑国命运如何，郑伯绝不会轻易放过佚之狐，因为他此刻的言之凿凿，相当于给自己立下了"军令状"。

生活中的我们，其实也都是"沉默的大多数"。当我们作为个体，碰见不公或发现问题时，需要向老师或领导提出建议时，许多人选择保持沉默，或是事不关己高高挂起，或是认为自己即使发言也无济于事，又或者认为总会有别人来提建议。但在这个时候，至少佚之狐站了出来，从正面来看，他无疑是心系国家，同时沉着冷静。

之所以说他沉着冷静，是因为他在短时间内还真的找到了解决问题的突破口。"若使烛之武见秦君"，他明白，若要去劝说，不能是去说服晋君，因为文章开头告诉我们"以其无礼于晋，且贰于楚也"，晋国才是这场战争真正的发起者，而秦国只是暂时的利益同盟，而且这个同盟关系并不那么牢固。因此，佚之狐相信只有去说服秦国而非晋国才是破局之道。

在历史长河中，关于佚之狐的记载仅此一句，但仅此一句便让我们对他的性格形象有了深刻的理解。试问，**我们中有多少人能在历史上留下只言片语**？

这是第一重，我们尝试代入佚之狐的角色去设身处地。

第二重，我们设想一下，当郑国上下陷于危难之际，这时国君亲自来找你担当大任，如果你是烛之武，你会作何选择？

（生4：我将接受这一重任，因为如果我拒绝，我的家人可能会因国家的覆灭而流离失所，百姓亦将遭受苦难。此刻国和家都需要我挺身而出，因此，我感到有必要承担起这份责任和义务。）

同学说得非常好，很有家国情怀。那现在让我们看看烛之武本人的选择，他是接受还是拒绝了？

看到下文，首先出现的是"辞曰"，这表明他最初是推脱拒绝的，似乎带有自谦才疏学浅、难以胜任之意。然而，细品他接下来的表达——"臣之壮也，犹不如人；今老矣，无能为也已。"从这句话中，你能读出烛之武当时的情绪吗？

（生5：可能是觉得在自己最年富力强时未曾得到重用，内心难免感到失落，甚至可能带有轻微的抱怨。在我年轻时，无人赏识，而今我已老迈，无力再为国效力。）

在这里我们也可稍做补充，烛之武并非始终隐匿于世，实际上他在郑国担任官职多年。尽管史书未详细记载其具体职务，但据推测，他可能仅担任过低级官职。

明末小说家冯梦龙所著《东周列国志》有相关描述："考城人也，姓烛名武，年过七十，事郑国为圉正，三世不迁官。"烛之武的职位为"圉正"，即负责马匹的饲养工作。这一职责让我们一下子就想到了《西游记》中孙悟空曾担任的"弼马温"一职。当然这是一本小说，不是严谨的史实，但我们也可据此感受一番这个官职到底有多低。**在这一刻，对烛之武来说肯定是很讽刺的。**年轻时，若你知晓我有才而从未寻访重用，直至国家面临危难才来寻求我的帮助，我自然是有恨意的。

那这时就需要转换进入第三重角色。设想自己是郑伯，你以国君身份亲自拜访恳请臣子烛之武出山，却未料到遭到拒绝，且从其言辞中可以察觉到些许不满，态度并不如原先想的那样义不容辞、热血沸腾。如果你是郑伯，面对此情此景，你将如何应对？

（生6：我应该很不爽，但还是会去求他。不过这事得先记在小本本上，回头等秦师退了我再跟你秋后算账。）

（生7：我会大怒，命左右立斩之。）

（众笑）如果真的如此，全文到此可能就结束了。但事实上郑伯没有这么做，他说了这样一番话："吾不能早用子，今急而求子，是寡人之过也。然郑亡，子亦有不利焉。"这里我们可以关注一下这句话中的几种称呼，因为称呼的背后往往是有情感内涵的。

　　首先他称呼对方是"子"，子是古代对男子的尊称，在这甚至可以翻译成"您"，代表一种礼貌。并且在同一句话里边他用了两种自称——吾和寡人，因为此时吾和寡人代表的含义是不一样的。称"吾"，代表的是"我"个人身份。"吾不能早用子"说明他认为"我"没有过早地发现你，这是"我"的个人过错，**个人行为不要上升到国家**。而"寡人"意思是寡德之人，这是国君的自谦之称，"今急而求子"是寡人之过，现在"我"向你认错，以国君的身份向您正式道歉，希望您能够接受。仅这一句话，便可看出他言辞之恳切，既主动承担责任，也表达了真挚的歉意。

　　当然最有杀伤力的还是最后一句话"然郑亡，子亦有不利焉！"这是一语双关。国家灭亡，对个人肯定不利。但如果"我"都这么诚恳谦卑地求你了，如果你还是拒绝，最终郑国灭亡，"我"肯定也不能轻易放过你，所以你也要慎重考虑。**这叫"恩威并施"**，最终烛之武"许之"。

听众妙评

　　@泷水叶：我学这个文言文的时候一点兴趣都没有，老师叫班上语文稍微好一点的同学磕磕绊绊地翻译，我在底下麻木地记，渐渐就困了。记忆里这篇文言文的内容只有一句话是重点，特殊句式，在书上记怎么翻译啥的。一直觉得这篇文言文枯燥、无聊。刚才认真跟着老师去代入，去思考，去体会人物的情感和责任，至此觉得他们不再是文字，而是那个时代的伟人。

　　@暗医者-：在这堂课上，我真切感受到了一种由来已久的自由。第一个问题抛出后，男生站起来直接说出了自己内心真实的想法，其他人也是会心一笑。在这堂课中，孩子们敢于说出自己的想法，挺难得的，真的挺难得的。

2

"林冲选择黑化的那一刻"

《林教头风雪山神庙》课堂一瞬

教学设想

　　这是一节与新老师同课异构的市级公开课。整节课前半部分是从"草蛇灰线，伏脉千里"出发，引导学生发现小说中的前后伏笔照应处。后半节课着重分析林冲"黑化"的成因及其必然性。此文为后半节课的课堂实录。

　　"黑化"是一个网络用语，**通常用于形容个体因极端经历（如背叛、打击），导致性格或行为发生负面转变，甚至走向偏激或极端**。林冲在这一回故事里所遭遇的人生剧变和他的行为转变非常符合这个词的定义。在那样的极端困境中林冲都能找到心中安定，尤其是在教材选文第10段中展现出来的"片刻安宁"，可见他的忍让程度之深。但是他的"一忍再忍"并没有换得一时的安稳，他终于爆发。

　　而这一切如同托尔斯泰在写作《安娜·卡列尼娜》时不得不让安娜死去一样，林冲也注定会不可挽回地走上前往梁山的那条路。

▣ 课堂实录

　　在这之前，林冲都经历了些什么——岳庙之内妻被堵，陆谦家中妻遭险，白虎堂上遇奸计，村中客店屡被辱，野猪林中几丧命。如果你是林冲，可能在哪一步就忍不了了？

　　很多同学说第一步他们就忍不了了，怎么还能忍到最后。但是我们会发现林冲他都忍过来了，而且通过前文的种种细节，我们会发现林冲即使到了草料场这个地方，他也接受了眼下这种糟糕的情形。此刻他想的是什么呢？我在这儿能够好好地"改造"自己，安分守己过完这段日子，有一天我可以回到原来美好安定的生活去。所以一开始他还是抱有对未来的强烈幻想的。

但为什么最后他又忍不了？我们先来看原文第 10 段的表述。

（一）最后的安宁时刻

"林冲把枪和酒葫芦放在纸堆上，将那条絮被放开，先取下毡笠子，把身上雪都抖了，把上盖白布衫脱将下来，早有五分湿了，和毡笠放供桌上。把被扯来盖了半截下身，却把葫芦冷酒提来慢慢地吃，就将怀中牛肉下酒。"

这段话在全文中看起来并不起眼。说的是林冲买了酒回来，草料厂已经塌了，他只能来到附近山神庙过一宿。当时他衣服湿透，喝的还是冷酒，这本是他人生很窘迫的时刻，但你会发现这一刻他至少还是很自由的，人生最难得的就是这一瞬的自由。这段话里面有很多的动词，都是非常轻松写意的。他把枪和酒葫芦"放在"纸堆上，将那条絮被"放开"，"取下"毡笠子，把身上雪都"抖了"，把上盖白布衫"脱将"下来，和毡笠"放"在供桌上，"盖了"半截被，把葫芦冷酒"提来慢慢地吃"，把怀中牛肉"下酒"。

这个情形就好像你在学校经历了一周的艰苦学习，终于放学，坐了两个小时的车回到了家里边，把你的书包"放在"床上，把校服"脱掉"，"换上"宽松的睡衣，再把手机赶紧"掏"出来，进入刺激的游戏世界。

这对很多同学来说是极其自由放松的一刻，林冲此刻亦是如此。他在前面经历了这么多危险困难的处境，这一刻对他来说其实很放松，而且最妙的一点在于外面是大雪纷飞，山神庙里边至少还有一丝温暖。就好像白居易的《问刘十九》描绘的那样——"绿蚁新醅酒，红泥小火炉，晚来天欲雪，能饮一杯无？"冬天很适合读这首诗，每次读到的时候心中都会有一股暖意和安定感升起来。

但遗憾的是，这一瞬间又是完全击垮了林冲的一瞬间。因为在这一瞬间之后，风云突变。"正吃时，只听得外面必必剥剥地爆响。"当他正在享受这一刻的自由和安定的时候，草料厂突然燃起了大火，这场火是直接摧毁他安稳人生的火。因为只要草料厂烧了，横竖都是个死罪，他必死无疑，这就直接把他逼上了绝路，**风雪中暂得温暖的一瞬，迅速破灭**。他的一退再退却换来对方的步步紧逼，而这一刻也是他人生中最后的安宁时刻，因为再往后，他将不可挽回地走上落草为寇、上梁山的路。

他的人生再也回不去了，那种外面是大雪纷飞、屋里是老婆孩子热炕头、特别普通又特别安稳的生活，对林冲来说再也不可能回去了，所以这一刻再隐忍的人也要爆发了。

（二）"黑化"的必然性

"又早把头割下来，挑在枪上。回来把富安、陆谦头都割下来，把尖刀插了，将三个人头发结做一处，提入庙里来，都摆在山神面前供桌上。再穿了白布衫，系了搭膊，把毡笠子带上，将葫芦里冷酒都吃尽了，被与葫芦都丢了不要，提了枪，便出庙门投东去。"

课文最后结尾的时候，他把陆谦、富安等人都杀了，但他没有选择将其曝尸荒野，而是把三个人头割了，把尖刀插了，把三个人头发结做一处，提入庙里来，摆在供桌上。注意对照前面第 10 段的表述，我们依旧关注文中出现的大量动词。那些他一件一件脱下来的衣服，摘下来的帽子，后面他又一一穿回去、戴上去。作者之所以这样不厌其烦地写清楚这一步步动作，就是在强化一种情绪：原先有幸暂得的一瞬惬意的自由，今后不会再有了；**原先他所幻想"改造后"还能回得去的幸福日子，今后也不会再有了**。所以他必须得面对新的生活，他没有回头路可以走了。

作家托尔斯泰在创作《安娜·卡列尼娜》时，写到安娜自杀的那一段，一度失声痛哭，他觉得"安娜死了，安娜死了！"但对于读者来说，存在一个令人费解的问题，既然你作为作者不想让安娜死，为什么不想办法把她写活。我们现在看到很多电视剧，导演甚至可以想让他死就死，想让他活就活。但是真正优秀的作家是做何选择的呢？

托尔斯泰的回答是"我不由自主"，因为在这之前他已经设定好了环境，设定了人物生活的逻辑和主角的性格，在推动着情节一步一步地往前进，到了这一刻安娜不得不死。

林冲在这一瞬间，经历眼下的种种，他不得不被逼上梁山，作者已经无能为力了。有三种作者，一种是蹩脚的作者，他想怎么写就怎么写；一种是杰出的作者，他懂得性格决定命运，会按照时势和格局来写；**而最伟大的作者则是被自己笔下的人物拖着走的**，也就是说到了这个情形，他不得不那么写。

当代小说家毕飞宇在《小说课》一书里面也有类似观点，他觉得天底下没有比林冲更不想造反的人，很多同学也都觉得林冲已经很怂很怂了，但就是这样的一个怂人，大宋王朝也容不下他，他只能造反上梁山去，可见这个社会究竟糟糕到了什么地步。所以可以说"林冲越怂，社会越坏"，**林冲的怂就是批判性**。

戏曲界有这样一句话："男怕《夜奔》，女怕《思凡》。"《夜奔》指的就是林冲雪夜上梁山。为什么戏曲演员们很怕演林冲？就是因为林冲身上强烈的复杂性。你会发现他走出去的每一步好像是在往前走，但是都走向了他的反面。他走出去的每一步都是他自己不想走的，然而他又不得不走，这就是林冲身上最大的复杂性。但这种复杂性也是最难能可贵的，也最接近我们普通人面对人生困境的真实想法。

🗨 听众妙评

> @少数派的你：很羡慕公开课能这么上，这种自由度是我很难在常规课

堂里看到的，没有与考点挂钩的生搬硬套，也没有小组讨论的形式主义，只是探讨文本，探讨人性，听完后那么舒服，那么真实！真希望我的教学环境也能如此开放！

@DDS的时光记忆：高二的时候学校有一个课本剧比赛，我那时和舍友自荐当了导演和编剧，当时选的课文就是这篇《林教头风雪山神庙》。一开始我们是想把剧本完完全全照着课文写，但我记得当时语文老师说我们写的没有主旨，跟流水账一样。后面我们就专门找《水浒传》里林冲的部分去看，把林冲被发配前的细节加入剧本中，并加入了林冲妻子被高衙内调戏的戏份，使林冲在山神庙反抗的动机更加合理，让林冲这个角色更加饱满。虽然最终遗憾没有获得第一，但这次课本剧比赛从写剧本，到选演员，到最后成功演出的这段经历给我有点单调的高中生活增添了一抹色彩。如今看到老师对这篇课文的解读，唤起了我那段深刻的记忆！

3

"情急之下的细节最见人心"

《鸿门宴》课堂一瞬

📖 教学设想

该教学片段通过呈现若干文本细节，旨在帮助学生更深入地感受樊哙、刘邦等人物的形象特点。这些细节体现在称呼的选择、情节的设计等方面。而这些细节之所以能够如此传神地保留下来，关键在于太史公司马迁撰写《史记》时的精妙刻画。

课上提到的钱穆先生的读书方法同样令人印象深刻。他将金圣叹对鲁智深的评点之法迁移运用到对《鸿门宴》的解读中，这种"举一反三"的阅读习惯，本身就非常值得我们学习借鉴。

🖥 课堂实录

（一）"今日之事何如"

宴会上形势危急，当张良至军门见樊哙时，樊哙说了一句话："今日之事何如？"这句话初看之下并没什么，无非就是问了问"今天这事怎么样"，但这句话却有一个很微妙的地方，能够迅速体现出樊哙的热心与忠心。

我们可以先对照着《水浒传》来看。在《林教头风雪山神庙》这部分情节发生之前有一个细节，当鲁智深听说林冲的娘子被人拦截之后，

鲁智深马上引着二三十个破落户大踏步抢入庙来，林冲见了叫道："师兄哪里去？"

大踏步"抢"入庙来，说明什么呢？鲁智深此刻甚至显得比林冲还要更着急，林冲反而转过头来劝鲁智深不要冲动。金圣叹当初评此一句："写得鲁达抢入得猛，宛然万人辟易，林冲亦在半边也。"有了这句话，你再回过头来看樊哙的那句话，有没有发现两句的异曲同工之处？

史学家钱穆先生，由看《水浒传》这一段联系到另一段，"我（钱穆）因圣叹这一批，却悟得《史记·鸿门宴》"。

本应是张良一出门，急急忙忙地跟樊哙说里边如何如何，但却是樊哙反过来先抢着问："今日之事何如？"这就说明樊哙在外面已经心急如焚，他很关心主公的安危。虽然只是一句话，但是很能体现出樊哙本人的真性情、忠心耿耿的性格。

读《史记》，我们当然不能仅停留在读懂大意，而应像钱穆先生一样，**通过借鉴他人鉴赏评点的方法，习得并迁移运用到其他文本的鉴赏中**，这是一项很重要的阅读能力。

（二）"公为我献之"

同样很妙的还有这一句话。刘邦请求张良替他去献上宝物时说："公为我献之。""公"是古代极尊贵的敬称。而张良在刘邦面前是自称为"臣"的，此前刘邦同张良对话时，称其为"君"，"君"已经够尊重了，但是在这种生死关头，称"君"好像还不够，刘邦选择再抬对方一手，敬称为"公"，仿佛此刻张良才是主公。那为什么这一刻要把张良捧得这么高？因为此时张良是需要留下来断后的那个人，是要冒着极大风险的，若不以最高礼遇待之，结果怎样谁都不知道。

此时我们再回看之前的种种细节，你会发现刘邦的城府是很深的。像是先前他问张良"孰与君少长"，是他要确定自己和项伯谁更年长，本来正常应该是孰与"吾"少长，比"吾"年长，就称哥哥，比"吾"年轻，就称弟弟。那为什么刘邦这里问的是孰与"君"少长？说明有一个隐含前提，"我"和你张良两个已经是自家兄弟，如果对方比你要更年长，那是"我们"共同的兄长；如果比"我们"小，也是"我们"共同的弟弟。**所以这一刻刘邦又是在迅速地拉拢张良。**

（三）持剑盾步走

还有能看出刘邦城府极深的，就是文章的最后一段。"当是时，项王军在鸿门下，沛公军在霸上，相去四十里。沛公则置车骑……"一开始刘邦带了百余骑过来，但临走时选择脱身独骑，这也能理解，毕竟不能惊动项王军，人越少越好。同时他带了手下四员大将。四位大将此刻是"持剑盾步走"，他们拿着剑和盾，徒步逃跑，而且是"道芷阳间行"，从小路逃跑。为什么不让这四个人一起骑马走？为什么还要他们拿着剑和盾逃跑，这样不是速度更慢吗？为什么还要这样做？

我们应该都听过一个故事，两个人被一头熊追，其中一个人突然停下来系鞋带，另外一个人问："你系鞋带干吗？你系了鞋带也一定跑不过熊，毕竟熊跑得那么快。"那人回答道："我不需要跑得比熊快，我只需要跑得比你快就行了。"同理，为什么没让四员大将骑马？为什么要让他们持剑盾步走？

可以想见，一旦项羽的追兵追上来，可以确保这四个人来断后，而刘邦本人可以赶紧骑马逃走。这一招够狠，也可见刘邦城府极深。

听众妙评

@不懂风花雪的明明如月：樊哙的妻子和刘邦的妻子是亲姐妹，那能不着急么？（"哙以吕后女弟吕须为妇，生子伉，故其比诸将最亲。"）

　　@鲁智深怒拔长倒刺：鸿门宴失败了，为什么还要把《鸿门宴》编入教材？《鸿门宴》所在单元的主题是"思辨性阅读与表达"。人文主题重在传统文化的学习、继承和弘扬。阅读史传文，关注其文章叙事曲折有序、写人生动传神的特点，尝试理性评价历史叙述中体现的思想观念，认识历史人物和历史事件。

4

"清角吹寒与冷月无声"

《扬州慢》课堂一瞬

📖 教学设想

对"清角吹寒"的细读，可追溯至杜甫《阁夜》中的"**天涯霜雪霁寒宵**"。这句诗和"清角吹寒"（尤其结合小序中的"夜雪初霁"场景）有异曲同工之妙，都将重重叠加后的"寒"写得淋漓尽致，让读者也对其"寒"感同身受，最终回归到眼前这座冷寂空荡的扬州城，让人不禁唏嘘。

💻 课堂实录

（一）"清角吹寒"的六重冷意

这一句直接翻译过来是，清越的号角声在城中飘扬。但是这样翻译，其中有一反常之处："吹寒"不见了。号角声会让人觉得冷吗？难道像是游戏里的魔法攻击一样，这号角声附带冷冻伤害，吹到人身上，可以冻结人吗？（生笑）肯定不是这样。

首先从手法角度看，这是"通感"。本身是耳朵听到的声音，现在是皮肤触觉上的寒冷，将感官进行打通。

到底此刻有多寒冷？这种冷又是怎么造成的？在这首词的"小序"里，就已经告诉我们，这一天是个特殊的日子——冬至。冬至日天气已经很冷了，此为第一重冷。此时在晚上，准确说是"渐黄昏"。此刻较白天肯定更冷，此为第二重冷。这一天的天气如何？小序中有四个字"夜雪初霁"。冬天的晚上还下雪了，此为第三重冷。比冬天的晚上下雪更冷的是什么呢？雪霁。何为"霁"？雪天放晴，雪融化时会吸热，更冷，此为第四重冷。

而比这些还要冷的是什么？"都在空城"，此刻词人独自望着扬州城，看到眼前如此破败空荡的扬州城，回想往日辉煌繁盛时，悲从中来，此为第五重冷。最后，再配上更为悲伤的背景音乐——清越的号角声，心中肯定更加寒冷，此为第六重冷。**重重累积叠加，才有了"吹寒"的真实感受。**

（二）"波心荡，冷月无声"的两重张力

这七个字也很有张力。"波心荡"，看似在写水波荡漾，但此刻看到眼前的这一幕，更难以平息的是他的"心"。是波心，也是内心。心随水波荡漾，甚至汹涌。

"冷月无声"，内心无比汹涌，可外在环境却是寂静无声。"波心荡"是词人低头看水面的"俯视之景"，而"冷月无声"本来是词人抬头望天的"仰观之景"，但词人却巧妙地将其映照进水中，使其也成为"俯视之景"。**此刻，冷月与水波，以及词人低头深思的形象，融为一体。**

213

　　明明此刻"我"心中有那么多话想说，国仇家恨，难以宣泄，但是外在环境却是如此安静寂寥，这里就形成了强烈的反差，这让"我"内心的波荡更加难以平静。

（三）"桥边红药为谁生"的三重理解

　　全词最后的着眼点很小，落在桥边的一朵芍药花。芍药花到底是为谁而生呢？或许有三重不同的理解。

第一重理解，此刻的城已经是空城，芍药花长得再好看，也没有人欣赏，那又何必生长。

第二层理解，芍药花并非野生花卉，那又是谁种的？种它的人现在又在哪里？是上了战场生死未卜，还是逃离家乡去往何方，不清楚不明了。

第三重理解，从更广阔的"人与自然"视角来看，芍药作为多年生草本植物，今年生了又凋零，来年可以再生，年年都在生长，自然是永恒的。但是人呢？人是在更替的，难以永存。

🗨 听众妙评

@青江琴酒：人人尽说江南好，游人只合江南老。每次在老师这里总会有一种穿越时空的感觉，感受到那种"波心荡，冷月无声"的震撼。十几岁的少年在过道上来回走，甩着书摇头晃脑品读的日子，好像还是昨天。

@周奕航：一边读《扬州慢》一边回忆起"钱塘自古繁华"。那"三秋桂子，十里荷花"现在变成了"废池乔木，犹厌言兵"，"羌管弄晴，菱歌泛夜，嬉嬉钓叟莲娃"现在成了"冷月无声"。语文课本是懂怎么伤人于无形的。

5

"细节重现的力量"

《百合花》课堂一瞬

📖 教学设想

　　《百合花》一文，其主题聚焦于战争，却并未沿袭众多战争题材小说的宏大叙事路径，反而是选取了战争中的一个平凡寻常的横截面，其情感细腻，细节丰富。因此，课堂主线之一便是深入剖析文中那些反复出现的细节元素，诸如"馒头""破洞""百合花被子"等，以此作为探索文本深层意蕴的钥匙。

　　为了将小战士英勇捐躯的悲痛情感与学生的日常生活相联结，在课堂导入时我尝试引入一个网络热议的话题作为支架：至亲离世的时候，如果没有那么悲伤，没有哭得那么大声，是不是显得很冷血？

　　实则不然，**因为真正触动人心、让人难以忘怀的，往往是逝者生前那些看似微不足道却充满温情的细节**，它们都是时间的印记，不断重现，提醒着我们那些人曾经的存在与温暖。

📺 课堂实录

在某网站上，曾有网友提出这样一个问题：至亲离世的时候，如果我没有那么悲伤，没有哭得那么大声，是不是显得很冷血？对这个问题你会如何回答？或许你也有过类似的经历，面对至亲的离世，曾有过类似的困惑。

到底什么时候会让你悲伤呢？是否一个人在葬礼上哭声越大，就代表越深的哀痛？或许并不一定。如果你生活在农村，可能常常见到，送葬的队伍中确实有人悲痛欲绝，而另一些人的哭声则似乎带着一种表演性质，甚至带有某种音乐的节奏感。更有甚者，有些子女会雇用专业哭丧者，以特别动听或有特色的哭声来表达对逝去亲人的哀悼，仿佛以此来表达对父母或亲人离去的悲痛至极。

然而，我们不禁要问，悲伤是否只能通过大声哭泣来表达？在那个问题下有一位网友的回答让我印象极深。它让我感同身受，尽管我未曾亲历过那种情境，但我能够想象出那样的场景。这位网友想到的是什么呢？他说：

"至亲离去的那一瞬间，通常不会使人感到悲伤，而真正会让你感到悲痛的是什么呢？是打开冰箱的那半盒牛奶，那窗台上随风微曳的绿萝，那安静折叠在床上的绒被，还有那深夜里洗衣机传来的阵阵喧哗。"

这个回答说的就是"那些往日细节的不断重现"。这些细节并未直接提及这位亲人究竟是谁，但是这些细节是非常有画面感的。它会让你想起，这位亲人在离开你之前所做的那些事。那半盒牛奶，可能是他还没来得及为你做剩下的早餐；随风微曳的绿萝，是他一直在照顾的家中绿植；折叠在床上的绒被，没有机会再次打开；洗衣机传来的阵阵喧哗，是他常常深夜帮你清洗衣物。这些细节透过声音与画面让你想起，好像这里的**每一瞬间都没有他的存在，但是每一瞬间，又恰恰让你想起他的存在**。正是这些往日细节的不断重现最能打动人心。

从"细节"出发，我们来审视《百合花》的文章结尾，其中充满了前文反复出现过的细节。现在让我们回顾一下，比如这三个细节：破洞、馒头和百合花被子。其实作者在这些细节上都巧妙地埋下了伏笔，看似不经意的描写，实则精心设计。起初，这些细节可能让人觉得是无意之举，但随着故事的发展，作者向我们呈现了它们的深层含义……

⊜ 听众妙评

@梦游神⺀⺀：是清晨安静的厨房，是夜归漆黑的窗。

@Jose_ek：最悲伤的不是告诉你他离世了，而是后来的生活中处处都是他，却处处没有他。

@阴烁家：奶奶去世的那晚正好也是我的生日，说实话早已有了预感，提前回了老家陪奶奶最后一程。奶奶看到我的时候，指了指柜子示意我打开，然后示意我把那罐她自己做的豆腐乳拿走，冲我说生日快乐，知道你爱吃。从此以后我再也没有过一次生日。那罐豆腐乳放在冰箱里，早已经不能吃了，但是我想无论以后搬家到哪里，它都会在我的冰箱里，这是我三十一岁的人生收到的除了父亲母亲给的生命之外，最沉甸甸的礼物。

6

"回忆总是不可避免地披上一层滤镜"

《雷雨》课堂一瞬

教学设想

语文不同于其他文科学科的一个重要特点是**教学时不仅要关注"语言内容"，更要关注"语言形式"**。读《雷雨》，如果停留在情节变化上，而忽视作者曹禺的语言设计，是非常遗憾的。毕竟这是剧本，台词是重中之重。

这节课的内容相当于是一节"带着学生细读"的示范课在这个过程中，我不断提醒学生可以从原文文本的反复处（洋火、三十年前）或文本的反常处（称呼"我们"）等角度细读文本。

最终还是希望能够还原一个更加立体真实的人物形象。因为如果剧本中的主人公都是"扁平化""标签化""脸谱化"的话，《雷雨》其实很难成为经典。尤其是周朴园，不能用标签化的"渣男"一语概括，而是要学会从多处细节尝试了解还原更加复杂立体的他。

📺 课堂实录

今天我们继续来学习《雷雨》，上节课我们了解了《雷雨》整个故事的内容情节，很多同学看了之后觉得特别离奇曲折，甚至很多同学觉得情节有点过于离谱，很像现在的"爽文"。但如果我们对《雷雨》这样一部经典作品的了解只是停留在剧情如何如何，是有点可惜的。就好像我们现在去刷短视频，会看到很多所谓的 5 分钟解读某某电影，"有个男人叫小帅，有个女人叫小美……"，如果只是用离奇的剧情梗概来吸引你，肯定是不足以支撑《雷雨》成为经典。

其实恰恰相反，《雷雨》真正有价值的地方，绝对不只在于它的情节，更重要的还有它的语言。如果我们只知道它的情节概要，而不去剖析它的语言，无异于"买椟还珠"。就像著名的文艺批评家钱谷融先生，曾经非常热烈地表达过对《雷雨》语言的喜欢。他曾说："我确实太喜欢曹禺剧本中的语言了，每次读曹禺先生的剧本，总有一种既亲切而又新鲜的感觉，他那色彩明丽而又精炼生动的语言，常常很巧妙地把我带进一个艺术的世界，给予我无限的喜悦。"所以，我们这节课主要就是走进《雷雨》的语言世界，来挖掘更多的潜在信息。

我们先看开头部分的一段对话。

"周朴园：哦，三十年前你在无锡？

鲁侍萍：是的，三十多年前呢。那时候我记得我们还没有用洋火呢。"

这段话当中有一个细节特别不一样——"那时候我记得我们还没有用洋火呢。"如果我们把这句话删掉，这个对话依旧成立，并不影响对话语义正常进行，而且台词会更精练，那为什么要附上这句话？

这句话特别提及了一个生活细节，就是"洋火"。洋火就是火柴。为什么她偏偏要在这里提到"洋火"这个细节？洋火或许跟"点灯""点火"相关，我们不妨想象一下，曾经在灯火之下，他们一起做过什么事呢？

第一种可能，在课文开头特地强调了周朴园点着一支吕宋烟，他有抽烟的习惯，那有可能是侍萍用洋火帮他点烟的场景。第二种可能，后文有一个细节，鲁侍萍提到周朴园有一件旧衬衣，是破了一个窟窿的，并绣了一朵梅花补上，所以有可能当时侍萍是在灯火下替周朴园绣补梅花的场景。当然也有可能两者都不是，也可能是侍萍身体不好，朴园深夜在灯火下照顾她的场景。抑或像"何当共剪西窗烛"一样两个人深夜对谈的场景。具体场景如何我们并不知道，但这个场景带给侍萍的感觉一定是温馨、美好的，不然她不会多年以后还提及这个小细节。

第二个问题，**大家觉得这个细节是鲁侍萍有意识提及还是无意识提及的**？如果侍萍是有意识提及的，目的是什么？或许是希望能够把对话继续下去，因为我和你三十年没见了，肯定有很多话想说，我有意识地提及这些三十年前的具体生活细节，是为了勾起你的回忆，从而能够引发新的话题。这类表达的效果就好像下面两个段落一样：

"周朴园：那你走错屋子了。

鲁侍萍：哦。——老爷没有事了？

……

鲁侍萍：老爷，没有事了？（望着朴园，眼泪要涌出）老爷，您那雨衣，我怎么说？"

当周朴园说"你"走错屋子了，如果是一般的下人怎么回应？肯定会道歉，然后赶紧离开。但是侍萍其实是要让对话继续下去的，所以她追问了一句"老爷没有事了？"，接下去周朴园又说了其他的事。

那同样在后文，鲁侍萍又问："老爷，没有事了？"这时你会发现她个人的情绪是更加难以自抑的，她望着朴园泪要涌出。此时的侍萍心情是非常矛盾的，一方面两人三十年没见了，她希望朴园能认出她，因为他们有很多话要说，包括她可能想问为什么三十年前"你"要抛弃"我们"母子俩等等，到底这中间发生了什么？另外一种矛盾的心情又在于不希望被认出，因为都是那么多年前的事了，我们今天都早已有了各自的新生活，如果今天再把以前的事挑明说开，又有什么意义呢？所以侍萍此刻内心非常矛盾，犹豫到底要不要说。

还有一种是侍萍"无意识"说出了这个细节，说明侍萍在说话过程当中，她的思绪不由自主地回到了那一段幸福美好的生活。当然，这至少佐证了三十年前他们俩曾经真的幸福地在一起生活过。

除了"洋火"这个细节之外，大家还可以留意到这句话里的一个称呼——"我们"。如果你有意识观察全文，尤其是在文章的前半部分，侍萍是怎么称呼周朴园的？叫"老爷"。而称呼老爷代表着什么？是一种下对上的身份差别，**因为老爷这个词本身也是带有距离的**。在侍萍"有意识"的情况下，她一直称呼的是老爷，保持距离感，即使到了情绪很激动的时候，她也还是叫的老爷。

大家初中时应该都学过一篇文章——鲁迅的《故乡》。当"我"见到闰土的时候，非常亲切地叫了一声"闰土哥，你来了"。然后"我"想的是小时候有那么多美好快乐的儿时回忆，想起了角鸡、跳鱼儿、贝壳和猹，但又总觉得被什么挡着似的，在脑里面回旋吐不出口外去，虽然时隔多年还没法马上熟络起来，但单凭这一声"闰土哥"，两人的距离一下子拉近。可是闰土的态度恭敬起来了，分明地叫道："老爷！"当"我"听到了这声老爷之后，"似乎打了一个寒噤，我就知道，我们之间已经隔了一层可悲的厚障壁了。我也说不出话"。所以我们会发现，一个称呼是可以迅速拉近或拉远距离的。

而侍萍叫朴园"老爷"，也是这个用意，既是一种下对上的自然表达，也是刻意地拉远距离。我们可以试想一下，如果不叫老爷，三十年前他们之间应该是怎么称呼的？后文有一个细节可以告诉我们答案。

在他们即将相认的那一刻，她终于改换了称呼，教材第30页，"朴园，你找侍萍吗？侍萍在这儿。"所以"朴园"才是他们之间最亲切的那个称呼，在这之前她一直是刻意保持距离，肯定不能脱口而出"朴园"。

但即使她如此刻意地保持着老爷这个称呼，"无意识"里还是会提及"我们"这个概念。"我们"这个词说明在她的印象里，三十年前的这段生活，是曾属于我们的一段美好记忆。

这段对话里的第三个细节，是一个数字——"三十"。

> 周朴园：哦，三十年前你在无锡？
>
> 鲁侍萍：是的，三十多年前呢，那时候我记得我们还没有用洋火呢。
>
> 周朴园：（沉思）三十多年前，是的，很远啦，我想想，我大概是二十多岁的时候。那时候我还在无锡呢。
>
> 鲁侍萍：老爷是那个地方的人？
>
> 周朴园：嗯，（沉吟）无锡是个好地方。
>
> 鲁侍萍：哦，好地方。
>
> 周朴园：你三十年前在无锡吗？
>
> 鲁侍萍：是，老爷。
>
> 周朴园：三十年前，在无锡有一件很出名的事情——

在这段对话中，双方不断提及"三十年前"。尤其是周朴园说的这句"三十年前，在无锡有一件很出名的事情——"这件事指的就是侍萍带着儿子投河的事，但这件事情实际上是发生在多少年以前？原文当中有没有告诉我们？没有直接说，但是相传侍萍是带着刚出生不久的鲁大海投河的。

"周朴园：他很大了。

鲁侍萍：（追忆）他大概是二十八了吧？我记得他比大海只大一岁。"

原文提到周萍是二十八岁，鲁大海小一岁，那他今年是二十七岁，所以应该是二十七年前。可是为什么他俩双双提及的都是三十年前？**因为两个人不约而同想到的都是三十年前那段美好的生活，而不是二十七年前那个黑暗痛苦的夜晚。**所以这一刻大家就会发现，我们不能一上来就贴标签，觉得周朴园是"渣男"，觉得他俩好像一开始就没有真实的情感。我们愿意相信他们曾拥有一段特别美好也特别真挚的爱情生活，只不过这个过程当中出现了一些变故，所以我们不能认为周朴园一开始就是虚情假意的。

人的回忆本身是很奇妙的。**回忆总是在无意之间被罩上一层滤镜**，这层滤镜很神奇，它往往会帮我们过滤掉过往的一些痛楚，留下更多的美好。我们自己也是如此，很多同学上了高中后，觉得高中太辛苦，还是初中幸福。但很多毕业上了大学的学生，也会抱怨大学好累，人际关系好复杂，反而会异常怀念高中的集体生活。尤其是大四的这批同学，很多人在准备考研，而考研和高考最大的不同是什么呢？考研是一个人的战斗，一个人找资料，一个人去图书馆早读、自习，一个人回寝室休息，自己安排好时间表，所有的都是自己一个人，包括自己去报名、自己去考试、去查成绩等，但是高考不是。备战高考的过程大家都是一起的，同学们在一起，老师、家长都陪大家一起，一起面对出现的问题和困难，相对来说有一个集体的概念。很多上了大学的同学会和老师感慨想回到高中，但这时如果我们再追问一句，高中真的都是幸福的吗？让你真的再回一年高三，经历那样的辛苦时光，你真的愿意吗？很多同学马上又会犹豫。

所以有时我们会发现回忆就是这样，它往往会过滤痛楚，留下美好。对于周朴园和鲁侍萍来说都是一样，他们更愿意在脑海中留下三十年前那段美好的日子，而不是二十七年前的那个噩梦般的夜晚。

同样，回忆也有一层负面的作用。我们可以看到原文这处细节。

周朴园：梅家的一个年轻小姐，很贤惠，也很规矩。有一天夜里，忽然地投水死了。后来，后来，——你知道么？

……

鲁侍萍：可是她**不是小姐**，她也**不贤惠**，并且听说是**不大规矩的**。

周朴园：也许，也许你弄错了，不过你不妨说说看。

鲁侍萍：这个梅姑娘倒是有一天晚上跳的河，可是不是一个，她手里抱着一个刚生下三天的男孩。**听人说她生前是不规矩的**。

周朴园：（苦痛）哦！

鲁侍萍：她是个下等人，**不很守本分的**。听说她跟那时周公馆的少爷有点不清白，生了两个儿子。生了第二个，才过三天，忽然周少爷不要她了。大孩子就放在周公馆，刚生的孩子她抱在怀里，在年三十夜里投河死的。

在朴园的表述当中，说是梅家的一个年轻小姐，很贤惠也很规矩，有一天夜里忽然投水死了。这是他的主观表述，而事实是什么？她不是小姐，在很多人眼里看来也是不规矩的，因为你作为下人和少爷在一起。投水死是忽然的吗？别人可能觉得是忽然的，但是周朴园你难道会不知道前因后果吗？

所以，在周朴园的这段回忆当中，他刻意美化了很多东西，回忆此时就变成了麻痹自我、诓骗他人的一个工具，而侍萍后面一一地把这些美化的东西给戳破了。同样是回忆，起到的作用完全是不一样的。

老师带着大家一起赏析了《雷雨》的几处语言精妙的地方，提供给同学们两个切入口，也是文本细读中常用的两个切入口。其一是文本反复处，草蛇灰线、伏脉千里，有一些反复出现的细节，我们一定要关注。其二是关注文本反常处，就是明明在这里可以不这么写，可以不这么出现的，但是作者偏要这么写，有反常、不合常理的地方就值得我们细细挖掘。这两个切入口，或许能帮你更加深入地走进文本、细读文本。

听众妙评

@卖窝窝头的点点：世间之事可能都是奔着一个"巧"字去的，就像刘姥姥给王熙凤的女儿取名巧姐，鲁侍萍和周朴园还是又遇上了。有些情节被作者描写得很巧，但是细细想想，又在情理之中。侍萍找女儿，鲁大海闹罢工，冥冥之中好像是命运牵引着两个人又遇见了，却又偏偏逃不过命运的摆布。

@啾茵小熊：对周朴园来说，留下的大多是美好吧，但对于侍萍来说，留下的痛楚应当更多吧。虽然老师在这里说，他们之前一定是有美好的，但那是爱吗？或许周朴园只是喜欢有人伺候他关爱他罢了。曹禺说"周朴园这个人……坏到连自己都不认为自己是坏人的程度"，当家庭和阶级的压力压下来时，他能毫不犹豫舍弃侍萍，之后的不过是自我感动罢了。

@你的毛笔又脱发了：真的很喜欢《雷雨》，我觉得我身上能找到这八个人的影子。好像这八个人身上的人格，都是曹禺从现实人格中掰开，再刻画到极致的。

7

"我们把废纸拼成了诗"

学生拼贴诗选

📖 教学设想

上这节课的那几日天气忽地转凉，加上连日的联考复习，同学们都非常疲惫，于是我决定暂时停下复习脚步，和同学们一起完成了这个关于诗歌的小游戏。要求同桌两人一起从现有的、可剪裁的、无用的纸张中（包括老师办公室里废弃已久的报纸和旧试卷），挑选关键词，重组成一首完整的小诗。

同学们创作的小诗，有的属于欢乐吐槽风，有的则是文艺清新风。课堂里满是欢声笑语和啧啧称叹。而在时间、空间都有限的情况下，大家能够有这样的创作实属难得。

📝 学生作品

《乐》

今天 下 起了 雨
长叹 愁 到无语
而 我 握紧了 笔
《五年高考三年模拟》。

生活是 一个"旋转门"
"我是精神病人"
"我曾害怕被别人嘲笑"
幽默感是技术活
但为了 重新融入社会
所以我决定生活到哪儿，就讲到哪儿

静穆
晚风吹过
万籁俱寂
俯瞰众生扰攘喧闹
只剩一味愁苦

今 秋

青岛漫天雪花，
难销夜 似年长。

路上

尘埃飞起，
车 轮卷起黯淡的落落叶，
这还是我四季分明的家乡吗？

易安难安

雨打残荷 清寒声韵
慰她愁绪， 解她相思。
岁月易逝 寒意 难消
各奔东西 书信 渐少
一点相思， 两处 闲愁
白梅合抱， 红颜已老
来世 遇见 捧 如 为皎
心愿易安 身却难安 ，易 安难安

逻辑

血肉 与 骨架 为支撑
爱 以 你 为中心

豆面碎

时间，绵绵地流淌。

夕阳的余晖，唤醒这间记忆中的小屋。

一撮葱花，几粒肉丸，配上虾皮，

晶莹剔透的，豆面碎。

，配方依旧。

还是当年的那碗豆面碎，

而我不再是曾经的我。

泛黄的报纸、　黑白的旧照、　生锈的枪炮

白雪会无声地从樟树上滑下，　砸成　琼花碎玉

"旧貌"生出"新颜"，

抵御时间水雹的保护伞　啊

望江门一带，远望灯火绵延，

我　化身孤岛的鲸

蒸发　了　杜康

草原

草原　起风了

充满自由的风　和　云

那里有　好喝的　酒

还有眼睛很大的　姑娘

云　不会　被困住

我　似乎

得到拯救

苦乐交织

化学！忙忙碌碌　痛苦不堪

为了充分准备考试

我们应该学习享受这柠檬般的酸楚

他妈的！如何培养毅力

碎　旧事

黑色幕布笼罩

寒风噬骨

小雨劈啪

玫瑰有情君不见

残秋甜蜜梦

硬是破了回戒

熙熙攘攘　跌跌撞撞

步履为艰

欢喜成戏谑

人生

通过痛苦

得到欢乐

是生活的常态

229

💬 听众妙评

@足太粉_Aaron波波："我化身孤岛的鲸，蒸发了杜康。"我的理解是，鲸鱼最令人熟知的特征便是喷水，喷水其实是鲸鱼的呼气过程。当鲸鱼呼出的气体接触到外面的冷空气时，会凝结成白雾状，这是气体变成液体的过程。而"蒸发"一词也能令我联想到液体变成气体的过程，这互相的对仗，或许是在意喻着"我"正在借酒消愁，"我"蒸发了杜康，"我"喝了酒并且呼出了白气。

@史瑞克叮叮：好羡慕啊，这个时候的孩子们正疯狂地感知着外部的世界，对一切都有着自己原始而真挚的理解，隐隐约约感受着世间万物，有着最本能的感知力，真好啊。

8

"写下来，
片刻即成永恒"

年末的最后一节语文课

📖 教学设想

　　每年最后一节语文课，我总会鼓励同学们用文字回顾过去的一年。2022年年末，教学模式变成线上网课。尽管隔着屏幕交流少了些许真实感，但我还是利用线上的机会，让同学们分享了自己的年度瞬间。于是就有了这一节课的分享。

　　当下这些记录可能微不足道，但随着时光的不断发酵，相信它们一定会越来越有价值。语文课的意义也在于此——鼓励同学们多记录、多表达，让语言文字保留易逝的瞬间，让片刻成为永恒。

📺 课堂实录

今天是 2022 年的最后一天，也是我们 2022 年的最后一节语文课了。不知道大家是怎样看待每年最后一天的到来？你是会感到非常期待、兴奋，还是会有一种"又过去了一年"的落寞伤感，抑或觉得今天就是非常寻常的一天？

我觉得 2022 年对绝大多数同学来说，肯定是值得铭记的一年。因为这一年，大家既是 2022 届的初三毕业生，也是 2022 级的高一新生。"2022"这个数字肯定会很长久地印刻在你的脑海当中。在这一年，你经历了中考出成绩的那个夜晚，有人欢喜，肯定也有人忧愁。你也经历了来到高中新环境后的复杂心情，告别了一批老同学，遇见了一批新同学，在不断磨合中熟悉彼此。很多同学有了人生当中第一次住校的经历，你应该记得来到学校的第一个晚上，在寝室里，有人可能兴奋得彻夜难眠，但也有人因为第一次住校而彻夜难眠，甚至有同学还会偷偷抹眼泪。

无论如何，是留恋不舍也好，是想要迅速逃离也罢，2022 年马上也都要过去了，而且这一年也永远不会再来。从明天开始，你要习惯于在本子的第一页或试卷的角落上，写上的不再是 2022 年了，而是 2023 年了。

想起我的大学老师曾经跟我们分享过一个瞬间。每次碰到这样的跨年夜，当大家喜欢聚在一起热热闹闹时，她往往会选择一个人回到自己的小房间，坐在书桌前，在笔记本上写下自己对过去一年的种种感想。在这样特别喧闹欢乐的时刻，她选择静下心来去倾听自己，去回望自己在过去一年当中所经历的一些瞬间。

所以，如果你有类似的感慨，你也不妨试着在今天写下一些文字。当然，你不要害怕，不要觉得老师接下来就要布置写作文了。我不会强制要求大家做这件事情，因为如果这件事情带上了强制的属性，可能你表达的冲动和欲望一下子就被消解掉了。我还是会提议你可以尝试写下来，写在随笔本或日记本上。高中的三年，每逢跨年夜的时候，你都可以这么做。

很多已经毕业的同学，他们在随笔本上记录了很多感想，在去大学的时候有些人也会把随笔本带上，常常拿出来翻看。可能现在你觉得都是一些很微不足道的瞬间，但是当你记录下来了，若干年以后再回看的时候，你会发现那些不值得一提的小事，往往是最为弥足珍贵的瞬间。

所以，在 2022 年的最后一天，也不妨回忆一下，这一年你最难忘的瞬间到底有哪些。

（以下为部分学生分享的难忘瞬间。）

生 1：中考结束后的暑假第一天，阳光甚好，透过窗子不偏不倚洒在画板上，照亮了过去的三年。

生 2：这是我今年给我妈拍的照片，不是网上找的头像，也没修过，就是平平淡淡的一天，我妈心血来潮拉着我出去玩，我就感觉那一天被赋予了意义。我随随便便抓拍下来，自己也被惊呆了，在照片里面我妈的背影似乎还是一位十八岁的少女，她没有被岁月光顾，还是天真的、快乐的女孩子。希望妈妈每一天都很快乐吧。

生3：这张照片是我 6 月中考前做一篇阅读时看到的，当时看着那一束光斜洒下，在我的试卷上，突出了"人情事暖"，我想着或许这世界就该是这样，给我不断的希望，让我自己不被考试压力击溃，如同人情事暖的本意一样，我好似抓住了一束希冀。

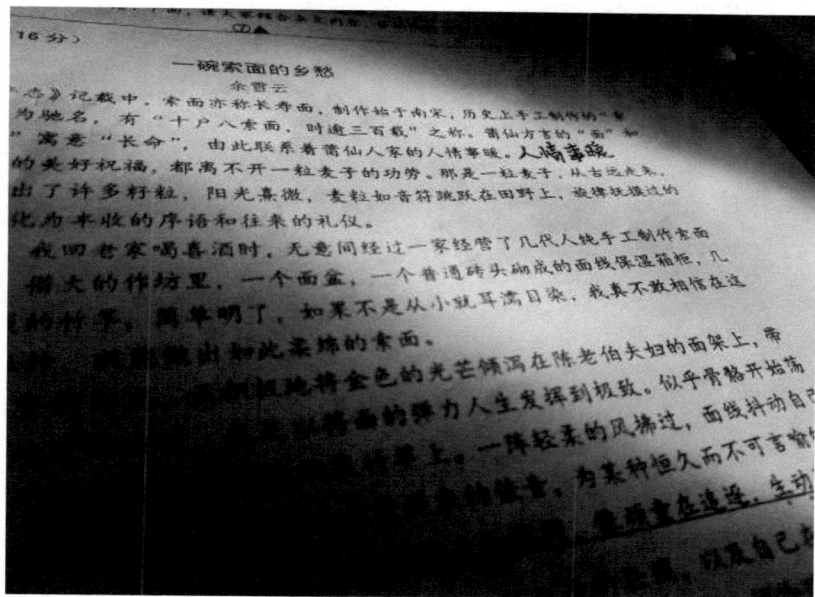

生4：这束花是我妈在我中考结束后的那天下午订的，虽然现在不知道它被放到哪里去了，但每每翻开相册，看到它，就会想起中考结束后的欣喜万分，就是一种如释重负的感觉，然后那一连几天都会过得很开心。我觉得这束花既是对我过去三年初中生活的总结，为其画上了一个圆满的句号，又是我高中三年新生活的开始，意味着一个崭新的起点。它会激励我继续向前进，从而在高考取得理想成绩，在三年后也能收获一束花，作为对自己现在努力的肯定。愿我能有似锦的前程，让自己的青春如这束花般永远地绽放下去。

生 5：风停在耳边，叮嘱我要酷爱这个世界。栀子比众木，人间诚未多，回首看，似乎轻舟已过万重山。我当像鸟飞向我的山，做让人能远远听见的风，做第九片无声海，做自己永远的主旋律。

　　生 6：已经很晚了，但还能听到汽车间歇地在空寂的街道上驶过的嗖嗖声，还能看见对面医院仍然固执地亮着几盏灯，不知道那些房子里的人是怎样的。或许是在痛苦中，平静地期待病痛快快过去的病人，或许是焦急又或许是麻木的陪伴者。每个人都好像在为什么而奔波，或是为了生活，为了家人，为了自己，日复一日，变得苍白而疲惫。但我希望，希望他们都能安然地开启新的一年。达成愿望也好，不能达成也罢，尽力便好，快快乐乐地开启新的一年吧。

生 7：夏天的夜晚非常寂静，和家人一起走在小路上，蓝得发黑的天空上，一轮明月高高地悬挂在空中，淡淡的光像轻薄的纱，飘飘洒洒的，映在河面上，像撒上了一层碎银，晶亮闪光。夏夜的风徐徐吹来，格外清新，凉爽。刚结束中考的我顿时拂去一身的疲惫，格外放松。

生 8：这是我今年最爱的剧集中的一幕。伟根警长和侯莫在山上看夕阳，那一刻他们是世界上最好的朋友，那一刻他们远离尘世的喧嚣，不用再被家中的柴米油盐牵绊，不会被工作所困，那是他们最自由的时候。

🗨 听众妙评

@柚子 zzza：对于写随笔，我真的很有感触。我是到了大四才开始写日记。因为每天情绪都会很不一样，对生活的感受也会不一样，都不需要过很多年，过几天去翻看前两天的日记都会觉得有了不一样的感悟，前提是真诚地写下所感，不要自我欺骗。有时候日记会拯救自己，因为人总在为了相似的事物烦恼。我写着写着，觉得这不就是高中的时候老师布置的随笔作业吗？那时候觉得写这类内容非常枯燥。可是现在到了不需要为赋新词强说愁的时候，愁已经写不完了。随笔可以作为情绪抒发和记录美好的载体，学弟学妹们来写吧！

@槿酿 Estelle：看到自己去年略显稚嫩却真实的文字，思绪好像也拉回了当时的心境，这是很幸福的事情呀。或许"后之视今，亦犹今之视昔"，下一年的我再来翻看今年的回顾，也会有这样奇妙的体验吧。记忆会随年岁渐渐模糊，但笔下的文字长存，这就是记录的意义吧！